100 RECEITAS DE SAÚDE ALIMENTOS PARA QUEM PRATICA ATIVIDADES FÍSICAS

100 RECEITAS DE SAÚDE ALIMENTOS PARA QUEM PRATICA ATIVIDADES FÍSICAS

SARAH OWEN

PUBLIFOLHA

The Top 100 Fitness Foods – 100 ways to turbocharge your life foi publicado no Reino Unido e na Irlanda em 2009 pela Duncan Baird Publishers Ltd., 6º andar, 75-76 Wells Street. Londres W1T 3QH.

COORDENAÇÃO DO PROJETO: PUBLIFOLHA
Editora-assistente: Paula Marconi de Lima
Coordenadora de produção gráfica: Soraia Pauli Scarpa
Produtora gráfica: Mariana Metidieri

PRODUÇÃO EDITORIAL: ESTÚDIO SABIÁ
Edição: Silvana Salerno
Tradução: Marina Petroff Garcia
Preparação de texto: Hebe Ester Lucas
Revisão: Paola Morsello, Rosane Albert
Editoração eletrônica: Nobreart

EDIÇÃO ORIGINAL: DUNCAN BAIRD PUBLISHERS
Gerentes editoriais: Grace Cheetham e Deirdre Headon
Editora: Ingrid Court-Jones
Gerente de arte: Suzanne Tuhrim
Projeto gráfico: Jantje Doughty
Fotografias: Simon Smith e Toby Scott

Observações sobre as receitas:
1 colher (sopa) = 15 ml
1 colher (chá) = 5 ml
O forno deve estar preaquecido na temperatura específica. Utilize ervas frescas, a não ser que haja menção específica em contrário. Caso não haja informação específica, use ovos médios.

Dados Internacionais de Catalogação na Publicação (CIP)
(Câmara Brasileira do Livro, SP, Brasil)

Owen, Sarah
100 receitas de saúde: alimentos para quem pratica atividades físicas / Sarah Owen ; [tradução Marina Petroff Garcia]. – São Paulo : Publifolha, 2010.

Título original: The top 100 fitness foods
ISBN 978-85-7914-168-3
1. Aptidão física - Aspectos nutricionais 2. Atletas - Nutrição 3. Culinária I. Título. II. Série.

10-01428 CDD-613.2024796

Índices para catálogo sistemático:
1. Atletas : Nutrição esportiva 613.2024796

A grafia deste livro segue as regras do Novo Acordo Ortográfico da Língua Portuguesa.

PUBLIFOLHA
Divisão de Publicações do Grupo Folha
Al. Barão de Limeira, 401, 6º andar
CEP 01202-900, São Paulo, SP
Tel.: (11) 3224-2186/ 2187/ 2197
www.publifolha.com.br

SUMÁRIO

SÍMBOLOS

- Energético
- Reidratante
- Bom para articulações
- Fortalecedor de ossos
- Construtor muscular
- Proporciona estamina
- Equilibra a glicose
- Evita as cãibras

introdução

Com o aumento da obesidade no Ocidente, a consciência da necessidade de cuidar da saúde, seguir uma dieta e praticar atividades físicas tornou-se mais forte. Quem pratica esportes, seja iniciante ou profissional, tem algo em comum: uma necessidade nutricional única que exige que se abasteça de energia suficiente para se manter em atividade até o final do jogo, da corrida, da aula de aeróbica ou da aula de ginástica.

Já foi comprovado inúmeras vezes que uma dieta pode causar impacto significativo na velocidade, no fluxo de energia e na recuperação pós-exercícios.

Descubra aqui o que é necessário para garantir sempre o melhor desempenho.

CARBOIDRATOS

Convertidos em glicogênio, constituem a principal fonte de energia do organismo. Ficam armazenados nos músculos, onde são usados como combustível durante as atividades. Pesquisas mostram que, para maximizar o desempenho, os praticantes regulares de exercícios precisam consumir cerca de 50-60 por cento de sua ingestão total de calorias em carboidratos.

Uma das fontes mais saudáveis de carboidratos de rápida absorção são as frutas, que proporcionam um afluxo rápido de energia, além de ajudar a reidratar o corpo. Os grãos não refinados, como a aveia e o arroz integral, são ricos em carboidratos de lenta absorção, que alimentam os músculos de forma

A BOA FORMA PELA ALIMENTAÇÃO

MANTENHA-SE HIDRATADO

De todos os nutrientes, a água é o mais importante. Responde por mais de 60 por cento do peso corporal e é vital para o funcionamento de todas as células. É necessário repor regularmente os níveis de líquido, pois perdemos água pela transpiração, respiração, urina, ao praticar esportes e ao fazer força. Até uma leve desidratação pode causar fadiga, já que o corpo é incapaz de se resfriar de modo eficiente; a perda equivalente a 2 por cento do peso corporal em transpiração resulta em 10-20 por cento de queda na capacidade aeróbica. Os especialistas recomendam tomar seis a oito copos diários de água e até mais, se possível, quando faz calor ou durante períodos de exercício particularmente intensos.

ANTES DO EXERCÍCIO

Pesquisas demonstram que é melhor fazer uma refeição leve ou um lanche à base de carboidratos 2 a 4 horas antes do exercício, para fortalecer os músculos e evitar tonturas. Outros estudos apontam que comer três horas antes do exercício ajuda o corpo a queimar mais gordura. Por outro lado, não se deve praticar atividade física depois de uma refeição pesada.

DURANTE O EXERCÍCIO

Em caso de atividades prolongadas (mais de 1 hora), deve-se beber água periodicamente. Estudos comprovam que comer um lanche com alto teor de carboidratos pode aumentar os níveis de açúcar no sangue, melhorando o desempenho. Carboidratos de absorção rápida, como a banana ou uma barra de cereais, são os mais indicados. As bebidas isotônicas também são uma boa opção, por aumentar o rendimento muscular e acelerar a absorção de água pela corrente sanguínea.

APÓS O EXERCÍCIO

Não importa se você sente fome ou não: quanto mais rápido ingerir um alimento ou bebida após o exercício, mais depressa seu organismo vai se recuperar. As enzimas que produzem o glicogênio (combustível muscular) ficam mais ativas entre 30 minutos e 2 horas após a atividade física. O carboidrato se converte em glicogênio uma vez e meia mais rápido durante esse intervalo pós-exercício. Se esperar mais de 2 horas, a capacidade de recarga dos músculos com glicogênio cai para 66 por cento. Incluir um pouco de proteína no lanche acelera ainda mais a recuperação do glicogênio. A refeição ideal após o exercício se compõe de até três partes de carboidratos e uma de proteína – essa proporção aumenta o armazenamento de glicogênio em 40 por cento.

INFORMAÇÕES ÚTEIS

- Cada receita rende 4 porções, a menos que esteja especificado o contrário.
- Ajuste as quantidades e ingredientes para adequar as receitas ao paladar individual.
- Lave bem as frutas e legumes, a menos que sejam orgânicos, pois nesse caso bastará enxaguá-los rapidamente.
- Atenção ao cozinhar o feijão. Deixe-o de molho por, no mínimo, 5 horas, descarte a água e cozinhe-o com muita água por cerca de 40 minutos. O feijão cru é tóxico, mas o feijão malcozido é mais tóxico do que o cru.
- Proceda do mesmo modo com as lentilhas, deixando-as de molho.
- Os frutos do mar devem ser bem lavados. Descarte os que tiverem conchas quebradas ou abertas antes do cozimento e os que não abrirem após o cozimento.
- A carne deve ser bem cozida. Não deixe que queime, pois isso pode criar reações químicas que vêm sendo associadas ao câncer.

constante, proporcionando energia durante provas de resistência.

PROTEÍNA

A proteína é vital para o crescimento, a formação e a recuperação das células do organismo, para a fabricação de enzimas, hormônios e anticorpos. É importante ainda para a saúde dos ossos.

Toda pessoa ativa necessita ingerir proteína para compensar a fadiga muscular que ocorre durante e após os exercícios. A quantidade de proteína a ser ingerida depende do tipo de esporte e da intensidade da prática. Os atletas de resistência, como os corredores de longa distância, precisam entre 1,2 e 1,4 g de proteína por kg de peso corporal; quem prefere atividades de força, como levantamento de peso, precisa de 1,4 a 1,8 g por kg de peso corporal por dia. Isso corresponde a 20-25 por cento da ingestão calórica total. Os seguintes alimentos são excelentes fontes de proteína: a carne magra de vaca, aves, peixes, laticínios, leguminosas, soja, nozes, sementes e castanhas.

GORDURA

Fonte concentrada de energia, a gordura também provê o corpo com alguns nutrientes importantes, como as vitaminas A, D e E. Recomenda-se a todos aqueles que se exercitam ou praticam esporte o consumo regular de 20-25 por cento de sua ingestão total de calorias em gordura. Mas vale lembrar que há diferentes tipos de gorduras, alguns mais saudáveis do que outros. As gorduras "ruins", saturadas (encontradas em carnes e laticínios) e a gordura hidrogenada (presente na margarina, massas, biscoitos e frituras), foram associadas a um aumento do risco de ataque cardíaco e derrame. Por isso, essas gorduras não podem ultrapassar 10 por cento do total de calorias que consumimos por dia. Os 10-15 por cento remanescentes de nossa ingestão calórica em gorduras devem privilegiar as "benéficas", monoinsaturadas (azeitonas, abacate e amendoim) e ácidos graxos essenciais ômega-3, -6 e -9 (peixe, nozes, castanhas e sementes). Estas oferecem grandes benefícios para os atletas, incluindo a redução do nível de colesterol, e têm efeito anti-inflamatório, protegendo as articulações.

VITAMINAS E MINERAIS

O corpo precisa de vitaminas e minerais em quantidades minúsculas para melhorar seu funcionamento, e não há dúvida de que atingir o equilíbrio aumenta o desempenho geral nos esportes. Frutas e legumes frescos são as fontes mais ricas desses importantes nutrientes. Muitas vitaminas, como a A, a C e a E, também são antioxidantes, contrabalançando os efeitos negativos dos radicais livres produzidos naturalmente durante os exercícios. Uma pessoa que se exercita regularmente deve consumir cinco a sete porções de frutas e legumes por dia.

pera

NUTRIENTES

Vitamina C, betacaroteno, ácido fólico; cálcio, ferro, fósforo, magnésio, potássio, zinco

Rica em açúcar natural, que se converte facilmente em energia, é ideal antes do trabalho.

Uma pera contém cerca de um décimo da dose diária recomendada de potássio, mineral que se perde facilmente pela transpiração. É importante para todos os que se exercitam, pois a falta de potássio pode causar fadiga e cãibras. A pera está entre as poucas frutas ricas em fibras insolúveis, que funcionam como escovas que raspam o cólon e melhoram a digestão.

PERA EM CALDA

4 peras descascadas
100 g de mel
½ copo de suco de maçã
1 colher (chá) de gengibre ralado

Coloque as peras numa panela, acrescente o mel, o suco e 250 ml de água. Salpique o gengibre e deixe levantar fervura. Abaixe o fogo, tampe e apure por 20 minutos. Deixe esfriar na própria calda.

As manchas marrons presentes nas peras, conhecidas como rugosidade, indicam sua doçura.

banana

Uma refeição rápida por excelência, a banana fornece um combinado de vitaminas, minerais e carboidratos.

A banana madura contém a combinação ideal de carboidratos para repor o glicogênio dos músculos antes ou após os exercícios. A glicose, o açúcar de mais fácil digestão, é absorvida imediatamente pela corrente sanguínea, que a transforma em energia instantânea, enquanto a frutose leva mais tempo para ser absorvida, fornecendo um fluxo constante de combustível no decorrer do tempo. A banana é rica em potássio e vitamina B6, que participa da produção das células vermelhas do sangue e da quebra de proteínas, carboidratos e gorduras.

NUTRIENTES

Vitaminas B3, B5, B6, C, K, betacaroteno, ácido fólico; cálcio, ferro, fósforo, magnésio, potássio, zinco

VITAMINA MATINAL *2 porções*

2 bananas maduras descascadas
20 framboesas ou morangos
20 mirtilos ou amoras
500 ml de iogurte natural
½ colher (chá) de gengibre ralado

Bata todas as frutas junto com o iogurte no liquidificador até obter uma mistura homogênea. Divida entre dois copos, salpique com o gengibre e sirva imediatamente.

ameixa

NUTRIENTES
Vitaminas B2, C, betacaroteno; cobre, potássio

COMPOTA DE AMEIXA

16 ameixas maduras e firmes
2 colheres (chá) de pimenta--da-jamaica
2 colheres (sopa) de açúcar mascavo
1 copo de suco de laranja
raspas de ½ laranja
iogurte natural para servir

Coloque as ameixas num refratário grande. Adicione a pimenta, o açúcar, o suco de laranja e as raspas. Asse no forno preaquecido a 180°C por 30 minutos. Sirva com iogurte natural.

Esta fruta versátil, que pode ser consumida tanto fresca quanto seca, é uma fonte de antioxidantes que fortalecem o sistema imunológico.

A ameixa é rica em pectina, um tipo de fibra solúvel que absorve e neutraliza as toxinas no intestino grosso, o que significa que tem excelentes propriedades desintoxicantes. É ótima para melhorar a saúde dos atletas com propensão à anemia, por ser muito rica em ferro, fundamental na formação dos glóbulos vermelhos. Também contém ácido málico e vitamina C, os quais auxiliam a absorção do ferro.

pêssego

Esta delícia doce ajuda a evitar a desidratação, causa comum da fadiga.

A perda de 2 por cento de líquido pode causar uma queda de 20 por cento na energia, por isso a desidratação é uma das maiores causas da fadiga em exercícios prolongados. Consumir alimentos com alto teor de água, tal como um pêssego maduro e suculento, é uma boa maneira de repor os fluidos. Pêssegos também contêm o mineral boro, que afeta o metabolismo do cálcio, importante para manter os ossos saudáveis.

NUTRIENTES

Vitaminas B3, C, betacaroteno, ácido fólico; cálcio, ferro, fósforo, magnésio, potássio, zinco

Não compre pêssegos esverdeados, pois eles não amadurecem corretamente.

FROZEN IOGURTE DE PÊSSEGO

4 pêssegos descascados e descaroçados
10 framboesas
10 morangos limpos
300 ml de iogurte natural
suco de ½ limão

Bata as frutas no liquidificador, coloque em um recipiente e leve ao freezer por 2-3 horas, até quase congelar. Retire e bata com o iogurte e o suco de limão. Recoloque no freezer até ficar firme. Retire 30 minutos antes de servir.

limão-siciliano

NUTRIENTES
Vitaminas B3, B5, B6, C, E, betacaroteno, ácido fólico; cálcio, cobre, ferro, fósforo, iodo, magnésio, manganês, potássio, selênio, zinco

Rico em antioxidantes, o limão-siciliano é um ótimo complemento, tanto na aromatização de um prato quanto no tempero da salada.

O limão-siciliano contém 7-8 por cento de ácido cítrico, a maior concentração encontrada em qualquer fruta, o que facilita sua digestão. Experimente diluir seu suco em água morna e ingerir com o estômago vazio pela manhã. O suco de limão também é uma das mais concentradas fontes de vitamina C e ajuda a suavizar a secura da garganta depois da prática de exercícios.

BOLINHOS DE LIMÃO *10 porções*

1 cebola pequena em quartos
1 ovo batido
1 colher (sopa) de alecrim picado
1½ copo de farinha de rosca
suco e raspas de 1 limão--siciliano

Bata a cebola, o ovo e o alecrim no liquidificador até obter uma pasta lisa. Misture a farinha de rosca com o suco e as raspas de limão e junte aos ingredientes batidos. Forme 10 bolas pequenas. Asse em forno preaquecido a 180°C por 25 minutos. Sirva como acompanhamento.

laranja

Os nutrientes da fruta cítrica mais popular do mundo combatem infecções e queimam gorduras.

As laranjas contêm açúcares naturais que ajudam a elevar os níveis de energia e são ricas em vitamina C, cuja alta ingestão atenua as dores musculares pós-exercício. Também fornecem ácido cítrico, que auxilia o organismo a absorver o cálcio depositado nas células adiposas. As laranjas são fonte de hesperidina, antioxidante que, se acredita, protege o coração, diminuindo o colesterol.

NUTRIENTES
Vitaminas B3, B5, C, E, K, betacaroteno, ácido fólico; cálcio, ferro, fósforo, iodo, magnésio, potássio, selênio, zinco

Quanto maior o "umbigo" da laranja, mais doce ela é.

LARANJAS AO CHOCOLATE

100 g de chocolate ao leite picado
1 colher (sopa) de glicose de milho
raspas de 1 laranja
4 colheres (sopa) de creme de leite
4 laranjas descascadas

Coloque o chocolate e a glicose de milho num refratário e derreta em banho-maria, em fogo baixo. Retire do fogo. Adicione as raspas de laranja e o creme de leite. Corte as laranjas em gomos e arrume nos pratos. Cubra com a calda e sirva.

carambola

A exótica carambola tem poderosas propriedades antioxidantes.

NUTRIENTES
Vitamina C, betacaroteno, ácido fólico; potássio

FATOS
*A carambola é originária do Sri Lanka.

*Colhida verde, ela gradualmente se torna amarelo-brilhante. Depois, quando guardada, atinge um tom mais escuro com pontas marrons. Isso indica a maturação ideal, sem prejuízo da textura ou do valor nutricional.

*As pessoas com problemas renais devem evitar a carambola, pois ela contém ácido oxálico.

*Na medicina chinesa, a fruta é conhecida por suas propriedades diuréticas.

*Nas Filipinas, é consumida salpicada com um pouco de sal.

Também conhecida como fruta-estrela, a carambola é inteiramente comestível: assim como as sementes macias no seu interior, a casca também pode ser consumida quando lavada.

MELHORA O SISTEMA IMUNOLÓGICO

A carambola é uma boa fonte de betacaroteno, que combate doenças. Também é rica em vitamina C, importante para atletas profissionais, pois o corpo libera hormônios de estresse no sangue durante um treino pesado, podendo debilitar temporariamente

MACARRÃO AGRIDOCE

300 g de macarrão
2 colheres (sopa) de óleo de gergelim
500 g de camarão cozido limpo
4 carambolas pequenas fatiadas sem as pontas
1 colher (sopa) de shoyu
suco e raspas de 1 limão

Cozinhe o macarrão segundo as instruções da embalagem e escorra. Enquanto isso, aqueça o óleo numa panela. Junte os camarões, a carambola e o shoyu e refogue por 3 minutos. Misture com o macarrão, o suco e as raspas de limão e sirva.

o sistema imunológico. Ingerir alimentos ricos em vitamina C equilibra essa tendência, elevando os níveis de antioxidantes.

CORRIGE A RETENÇÃO DE LÍQUIDOS

A carambola também contém potássio, que tem um leve efeito diurético, facilitando a eliminação de líquido.

BARRINHAS TROPICAIS

175 g de manteiga
100 g de açúcar mascavo
5 colheres (sopa) de melado
225 g de aveia
100 g de abacaxi desidratado picado

Derreta a manteiga, o açúcar e o melado numa panela. Acrescente a aveia e o abacaxi. Pressione a mistura numa assadeira untada de 20 cm e asse no forno preaquecido a 180°C por 25 minutos. Corte em quadrados quando esfriar.

A carambola é uma fruta delicada que deve ser manuseada com cuidado.

figo

NUTRIENTES
Vitaminas B3, B5, B6, C, betacaroteno, ácido fólico; cálcio, cobre, ferro, fósforo, iodo, magnésio, manganês, potássio, zinco

Uma das melhores fontes de cálcio, o figo é conhecido como a fruta amiga dos ossos.

O cálcio é vital para melhorar a densidade óssea e muito importante para atletas do sexo feminino que treinam intensamente. Isso ocorre porque elas podem apresentar baixos níveis de estrogênio e amenorreia, que pode aumentar a perda óssea e a necessidade de cálcio. Os figos secos oferecem uma carga concentrada de carboidratos simples para energia imediata, enquanto os frescos têm um sabor doce único, com textura crocante e mais vitamina C.

FIGOS ASSADOS

12 figos sem o cabinho
6 colheres (sopa) de xarope de bordo
100 g de nozes picadas
1 colher (chá) de canela em pó

Faça uma cruz no topo de cada figo e abra a fruta. Disponha-as num refratário untado e borrife o xarope de bordo. Salpique com nozes e a canela. Asse no forno preaquecido a 180°C por 15 minutos, até ficarem macios. Sirva imediatamente.

tâmara

A tâmara seca é um excelente “alimento de sobrevivência”, ideal antes de longos percursos de bicicleta ou caminhadas.

O ideal antes de um exercício é ingerir uma refeição leve 3 horas antes de começar, finalizando com um lanche meia hora antes. As tâmaras são uma opção perfeita de petisco, pois são ricas em carboidratos e excelentes fontes de potássio, importante para manter o equilíbrio dos líquidos e eletrólitos no corpo.

NUTRIENTES
Vitaminas B3, B5, B6, C, K, betacaroteno, ácido fólico; cálcio, cobre, ferro, fósforo, iodo, magnésio, manganês, potássio, selênio, zinco

Tâmaras podem ser congeladas por até um ano num recipiente bem fechado.

BARRINHAS DE FRUTAS

100 g de tâmaras secas
100 g de damascos secos
125 ml de suco de limão
250 g de farinha com fermento
100 g de açúcar
3 ovos batidos

Bata as tâmaras, os damascos e o suco de limão no processador. Junte a farinha, o açúcar e os ovos. Coloque a mistura numa forma quadrada de 18 cm untada. Asse no forno preaquecido a 180°C por 30-35 minutos. Deixe esfriar e corte em quadrados.

10

manga

NUTRIENTES
Vitaminas B3, C, E, betacaroteno; potássio

Esta fruta doce e suculenta oferece uma excelente injeção de vitamina e repõe a perda de minerais essenciais durante o treino ou jogo.

Uma porção (100 g) de manga fornece 60 por cento das necessidades diárias de vitamina C, que ajuda o organismo a se recuperar com mais facilidade de dores, contusões e inchaços, quase sempre inevitáveis durante a prática esportiva. A manga é uma boa fonte de potássio, importante para manter a pressão sanguínea equilibrada. É também uma fonte de vitamina E, que ajuda a acelerar os níveis de recuperação pós-exercício.

RASPADINHA DE FRUTAS TROPICAIS *2 porções*

10 cubos de gelo
1 manga picada grosseiramente
½ abacaxi sem miolo picado grosseiramente
10 morangos limpos
suco e raspas de 1 limão

Bata os cubos de gelo no liquidificador, até ficarem bem picadinhos. Acrescente a manga, o abacaxi, os morangos, o suco e as raspas de limão e bata até ficar homogêneo. Sirva e beba imediatamente.

Na Índia, a mangueira é considerada um símbolo de amor.

papaia

Uma porção diária de papaia ajuda a evitar "fisgadas", uma cãibra na lateral do corpo que pode ocorrer durante o exercício

NUTRIENTES
Vitaminas B3, B5, C, betacaroteno, ácido fólico; cálcio, ferro, fósforo, iodo, magnésio, manganês, potássio, selênio, zinco

A papaia é rica na anti-inflamatória vitamina C e em potássio, importante para o bom equilíbrio dos líquidos, das funções renais e dos nervos. Contém ainda papaína, uma enzima potente que estimula a eliminação dos resíduos e reduz o risco de cólicas estomacais relacionadas ao esforço físico.

SALADA TAILANDESA

2 papaias sem sementes
1 pimentão vermelho sem sementes
8 cebolinhas picadas
100 g de brotos de feijão
1 colher (sopa) de açúcar
1 colher (sopa) de suco de limão
1 colher (sopa) de molho de peixe
um punhado grande de hortelã picada

Corte a papaia e o pimentão em cubinhos de 1 cm. Misture bem todos os ingredientes numa tigela grande e sirva.

goiaba

NUTRIENTES
Vitaminas B3, B5, B6, C, E, betacaroteno, ácido fólico; cálcio, cobre, ferro, fósforo, iodo, magnésio, manganês, potássio, selênio, zinco

A polpa cremosa com aroma adocicado da goiaba faz dela um complemento ideal para uma vitamina pré ou pós-exercício.

Com quatro vezes mais vitamina C e 70 vezes mais fibras do que uma laranja, a goiaba é uma potência nutricional que reforça o sistema imunológico. Isso é importante para os que se exercitam com regularidade – que queimam suas reservas antioxidantes mais rápido do que os sedentários. Acredita-se que o alto teor de fibras da goiaba reduza o colesterol, ligando-se a ele e eliminando-o do organismo.

CALDA DE GOIABA

12 goiabas partidas ao meio
100 g de açúcar de confeiteiro
125 ml de suco de limão
½ colher (chá) de essência de baunilha

Cozinhe as goiabas em fogo baixo com 250 ml de água por 8 minutos. Deixe esfriar e peneire apertando com o dorso da colher. Descarte as sementes. Coloque a polpa numa panela com o açúcar, o suco de limão e a baunilha. Ferva, reduza o fogo e apure por 10 minutos, até engrossar.

13

lichia

Leve, rica em carboidratos que fornecem uma forma de energia rápida e de fácil digestão, a lichia é uma alternativa exótica às favoritas da fruteira.

Lichias refrescantes compõem o lanche perfeito antes dos exercícios ou entre as sessões de treino. Frescas, secas ou enlatadas, nove lichias fornecem ao adulto a dose diária recomendada de vitamina C e 15 por cento mais polifenóis – que ajudam a manter o coração forte – do que o seu equivalente em uvas. Para abrir uma lichia fresca, puxe um lado para baixo com uma faca afiada, retire a casca rugosa e saboreie a polpa transparente e suculenta.

NUTRIENTES
Vitaminas B1, B2, C; cobre, potássio

As lichias são originárias da China, das Filipinas e da Índia.

GELATINA DE LICHIA

- **8 lichias sem casca nem caroço cortadas ao meio**
- **½ manga em cubos**
- **50 g de açúcar**
- **2 envelopes de 12 g de gelatina em pó**
- **500 ml de suco de maçã**

Coloque as lichias e a manga no fundo de 4 fôrmas pequenas de gelatina ou taças. Aqueça o açúcar com metade do suco de maçã em fogo baixo até dissolver e adicione a gelatina. Acrescente o restante do suco, coloque sobre as frutas e deixe por uma noite na geladeira. Desenforme e sirva.

goji

NUTRIENTES
Vitaminas B1, B2, B6, C, E, betacaroteno, ácido fólico; cálcio, ferro, fósforo, potássio, selênio, zinco; ácidos graxos essenciais ômega-3 e ômega-6

O goji é uma fruta vermelha originária do Tibete.

Por ser rico em fitonutrientes com importantes propriedades antioxidantes, é ótimo para os esportistas. Além disso, contém os ácidos graxos ômega-3 e ômega-6, úteis para manter as articulações lubrificadas. É rico em aminoácidos que ajudam a melhorar a histamina e a betaína, um complexo fitonutriente usado pelo fígado na produção de colina – composto que promove o crescimento muscular. Pode ser substituído pela castanha-do-pará, que contém propriedades semelhantes.

BOLINHOS DE BATATA-DOCE E GOJI

100 g de gojis secos ou castanhas-do-pará
2 batatas-doces descascadas
1 maçã descascada ralada
100 g de farinha com fermento
2 ovos (clara e gema separadas)
óleo de girassol para fritar

Deixe o goji de molho em água. Corte as batatas em cubos de 2,5 cm, ferva por 10 minutos, escorra e amasse. Adicione o goji escorrido, a maçã, a farinha e as gemas. Bata as claras em neve firme e agregue com cuidado. Frite essa mistura às colheradas.

O goji é usado para fins medicinais há 2.500 anos.

abacate

Acrescente esta fruta repleta de nutrientes a saladas ou bata com limão ou leite para melhorar sua força e resistência.

Ótima fonte de gordura monoinsaturada saudável que contém 20 vitaminas, minerais e fitonutrientes, o abacate figura entre os verdadeiros superalimentos da natureza para todos os que almejam estar em forma. Ele contém mais proteínas do que qualquer outra fruta: um só abacate fornece metade da dose diária recomendada de vitamina B6 – essencial para ajudar o organismo a liberar a energia do alimento.

NUTRIENTES

Vitaminas B1, B2, B5, B6, C, E, K, ácido fólico; cobre, ferro, fósforo, potássio, zinco; carotenoides; gorduras monoinsaturadas

SALADA PICANTE DE VERÃO

3 colheres (sopa) de azeite
1 colher (chá) de mel
1 cebola roxa ralada
1 colher (chá) de mostarda de Dijon
2 abacates maduros fatiados
1 grapefruit descascado em gomos
½ maço de rúcula

Bata juntos o azeite, o mel, a cebola e a mostarda numa tigela. Adicione o abacate, o grapefruit e a rúcula, misture bem com o molho e sirva.

azeitona

NUTRIENTES
Vitaminas E, K, betacaroteno; cálcio, cobre, ferro, fósforo, iodo, magnésio, manganês, potássio, selênio, zinco; ácidos graxos essenciais ômega-9

FATOS

*O azeite obtido das azeitonas é um dos mais saudáveis óleos utilizados na cozinha devido a seu alto teor de gorduras monoinsaturadas, benéficas para o coração.

*O azeite é encontrado numa variedade de graduações que refletem o tipo de processamento. O extravirgem é a melhor opção, pois retém a maior parte dos antioxidantes.

*Armazenar as azeitonas e os azeites em vidros opacos e escuros ajuda a evitar a oxidação causada pela exposição à luz.

Um dos principais ingredientes da culinária mediterrânea, a azeitona é muito benéfica para os aficionados da boa forma.

Existem centenas de variedades de azeitonas. Em geral, as pretas são úmidas e têm gosto acentuado, enquanto o sabor das verdes é mais suave.

BENEFICIA O CORAÇÃO
Acredita-se que as azeitonas mantenham o coração saudável, pois estão entre as melhores fontes de gorduras monoinsaturadas, que ajudam a diminuir os níveis de colesterol.

PROTEGE AS ARTICULAÇÕES
Ricas em vitamina E e ácidos graxos ômega-9, que têm proprie-

MOLHO DE AZEITONAS E NOZES

225 g de azeitonas verdes
100 g de nozes
50 g de pinholes
2 colheres (sopa) de parmesão ralado
1 colher (sopa) de azeite

Bata no liquidificador as azeitonas, as nozes e os pinholes, até obter uma pasta homogênea. Misture o queijo ralado e o azeite. Sirva com grissini.

dades anti-inflamatórias, as azeitonas também ajudam a proteger as articulações do desgaste causado pelos treinos pesados. E mais, seus ácidos graxos essenciais aumentam a capacidade do organismo de remover as gorduras indesejáveis das células.

FORTALECE OS OSSOS

Um recente estudo científico sugere que consumir azeitonas regularmente ajuda a proteger os ossos contra a osteoporose.

MINIESPETOS

24 porções

24 azeitonas pretas cortadas ao meio
24 tomates-cereja em metades
24 cubos de queijo prato
48 folhas de manjericão
pimenta-do-reino

Espete 2 metades de azeitona, 2 metades de tomate, 2 folhas de manjericão e um cubo de queijo em cada um dos 24 palitos de coquetel. Tempere, arrume num prato e sirva.

Na natureza, as oliveiras dão frutos somente em anos alternados.

alface

NUTRIENTES
Vitaminas B1, B3, B5, C, E, K, betacaroteno, ácido fólico; cálcio, ferro, fósforo, iodo, magnésio, manganês, potássio, selênio, zinco

A alface fornece nutrientes vitais para ajudar o organismo a produzir energia.

A alface contém muitos minerais, incluindo ferro, cálcio, magnésio e zinco, que ajudam a gerar energia. É igualmente importante fonte de ácido fólico – esta vitamina B protege o coração, convertendo uma substância prejudicial, a homocisteína, em substâncias benignas. Quando não é convertida, a homocisteína pode causar dano aos vasos sanguíneos, elevando o risco de ataque cardíaco e derrame.

ALFACE GRELHADA COM QUEIJO

1 alface-americana
1 colher (sopa) de azeite
200 g de camembert
2 colheres (chá) de vinagre balsâmico

Corte a alface em quartos no sentido do comprimento, pincele com o azeite e grelhe por 2 minutos de cada lado. Disponha num refratário, cubra com fatias do queijo e regue com o vinagre. Asse no forno preaquecido a 220°C por 5 minutos, até o queijo borbulhar, e sirva.

Quanto mais escura a cor da alface, mais nutritiva.

pimentão

Consumido cru, como petisco crocante, refogado macio ou num assado, o pimentão é rico em nutrientes poderosos.

Depois do exercício, o organismo continua a queimar gordura. Os pimentões espelham esse processo, pois contêm substâncias que aumentam a produção de calor no corpo por mais de 20 minutos após sua ingestão, ajudando a queimar as calorias mais rapidamente. Uma porção de 150 g de pimentão fornece a dose diária recomendada de vitamina C e betacaroteno, que têm propriedades antioxidantes que melhoram o sistema imunológico.

NUTRIENTES

Vitaminas B3, B6, C, E, K, betacaroteno, biotina, ácido fólico; cálcio, ferro, fósforo, iodo, magnésio, manganês, potássio, zinco

MOLHO DE PIMENTÃO VERMELHO

1 pimentão vermelho sem sementes em cubinhos
2 tomates grandes em cubinhos
½ pimenta vermelha sem sementes picada
1 pepino pequeno em cubinhos
4 colheres (sopa) de coentro picado
suco e raspas de ½ limão

Misture todos os ingredientes numa tigela. Sirva como patê ou molho.

beterraba

NUTRIENTES
Vitaminas B3, B5, C, ácido fólico, betacaroteno; cálcio, ferro, fósforo, magnésio, iodo, manganês, potássio, zinco

O alto teor de açúcar natural ajuda a beterraba a repor os níveis decrescentes de energia na quadra.

A beterraba não só fornece açúcares de fácil digestão, como suas fibras também retardam a absorção desses carboidratos no sangue, o que significa que o organismo é beneficiado com um fluxo estável de energia. O suco de beterraba é uma fonte concentrada do antioxidante betacianina e, se ingerido com o estômago vazio, é um eficiente purificador interno. Outras formas de agregar este legume à dieta são servi-lo ralado nas saladas ou adicionar pedaços às sopas e cozidos.

SALADA ARCO-ÍRIS

2 beterrabas grandes descascadas e raladas
3 cenouras descascadas e raladas
1 rabanete limpo ralado
1 cebola roxa ralada
suco de 1 limão
1 colher (sopa) de azeite

Misture bem os ingredientes ralados numa tigela. Borrife o suco de limão e o azeite e sirva.

cebola

Conhecida por dar sabor aos pratos, a cebola é incrivelmente benéfica para a saúde.

Para todos que almejam alcançar uma excelente forma física, a cebola oferece diversos minerais, incluindo o cromo, o manganês e o potássio, que ajudam a quebrar os depósitos de gordura e acelerar o metabolismo. É rica ainda em quercitina (um flavonoide que não é destruído pelo cozimento), que contribui para a redução da fadiga. Estudos sugerem que a cebola pode ajudar a manter os ossos saudáveis, inibindo a atividade dos osteoclastos – células que destroem os ossos.

A cebola contém aminoácidos sulfurados que elevam a capacidade do organismo de se desintoxicar.

NUTRIENTES

Vitaminas B6, C, ácido fólico; cobre, cromo, fósforo, manganês, potássio

MOLHO DE CEBOLA CARAMELADA

4 cebolas grandes picadas
1 dente de alho amassado
2 colheres (sopa) de azeite
1 colher (chá) de mostarda de Dijon
250 ml de creme de leite

Cozinhe a cebola e o alho com o azeite numa panela por 45 minutos em fogo baixo. Junte a mostarda e cozinhe por mais 10 minutos. Adicione o creme de leite e sirva.

ervilha

NUTRIENTES
Vitaminas do complexo B, C, K, betacaroteno, ácido fólico; cobre, ferro, fósforo, magnésio, manganês, potássio, zinco

RISOTO DE ERVILHAS

1 cebola picadinha
1 colher (sopa) de azeite
300 g de ervilhas
175 g de arroz arbório
250 ml de leite
750 ml de caldo quente de legumes
hortelã picada
50 g de parmesão ralado

Numa panela de fundo grosso, frite a cebola com o azeite até ficar macia. Acrescente a ervilha e frite por mais 2 minutos. Junte o arroz e o leite. Adicione o caldo, uma concha de cada vez, mexendo até absorver. Cozinhe por 20 minutos. Coloque a hortelã mexendo, polvilhe o queijo por cima e sirva.

Para os esportistas que vigiam o peso, a ervilha é um excelente acompanhamento de preparo rápido.

Rica tanto em fibras solúveis quanto em insolúveis, a ervilha é uma das melhores armas da natureza para o controle do peso. Estudos demonstram que quanto maior o consumo de fibras, menor é a chance de aumento de peso e mais rápida é a perda do excesso de gordura. As fibras também têm um efeito positivo nos hormônios dos intestinos que controlam o apetite. E mais: a vitamina C e o ferro das ervilhas ajudam a manter os níveis de energia elevados.

Uma porção média de ervilhas congeladas tem o mesmo teor de vitamina C de duas maçãs grandes.

cenoura

Este legume versátil fornece energia instantânea, fibras e uma longa lista de nutrientes que melhoram a saúde.

O açúcar concentrado da cenoura é facilmente absorvido e transformado em energia. As cenouras figuram entre as fontes mais ricas de betacaroteno, convertido pelo organismo em vitamina A, antioxidante que previne doenças cardíacas e melhora o tempo de recuperação pós-exercício. Ingerir duas cenouras por dia ajuda a reduzir altos níveis de colesterol. Belisque palitos crus, beba o suco, adicione aos cozidos e sopas ou rale para fazer bolos.

NUTRIENTES

Vitamina C, betacaroteno, biotina, ácido fólico; cálcio, ferro, fósforo, magnésio, manganês, potássio; bioflavonoides; limonina; licopeno

BOLO DE CENOURA

100 g de manteiga
100 g de mel
100 g de açúcar mascavo
225 g de farinha integral
1 colher (chá) de fermento em pó
225 g de cenouras descascadas e raladas
1 colher (chá) de canela em pó

Unte uma fôrma de bolo redonda de 20 cm. Numa tigela, bata a manteiga, o mel e o açúcar. Junte o restante dos ingredientes e passe para a fôrma untada. Asse no forno preaquecido a 180°C por 1 hora.

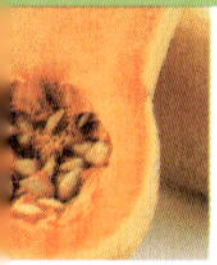

abóbora

NUTRIENTES

Vitaminas B1, B3, B5, B6, C, E, K, betacaroteno, ácido fólico; cálcio, cobre, ferro, fósforo, magnésio, potássio, selênio, zinco

A abóbora é uma campeã nutricional e fica deliciosa nas sopas e cozidos e com outros legumes assados.

AUMENTA A IMUNIDADE

Como todas as frutas e legumes alaranjados, a abóbora é uma grande fonte de betacaroteno, convertido no organismo em vitamina A, necessária para fortalecer a imunidade e o bom funcionamento dos sistemas digestório e respiratório.

Para saber se a abóbora está madura, bata nela – estará madura se soar oco.

ASSADO AROMÁTICO

3 colheres (sopa) de sementes de girassol
1 colher (chá) de pimenta em pó
1 colher (chá) de cominho
1 colher (chá) de coentro em pó
1 colher (chá) de gengibre em pó
1 abóbora descascada sem sementes
2 abobrinhas picadas
1 pimentão vermelho fatiado
200 g de champignons
3 colheres (sopa) de azeite
1 colher (sopa) de vinagre balsâmico

Torre as sementes de girassol e as especiarias numa frigideira em fogo baixo por 3 minutos. Corte a abóbora em pedaços de 5 cm. Coloque-a com os demais legumes num refratário. Adicione o azeite, o vinagre balsâmico, as sementes e as especiarias e misture bem. Asse no forno preaquecido a 190°C por 1 hora, mexendo de vez em quando. Sirva.

MANTÉM A ENERGIA

Grande fonte de carboidratos, a abóbora contém altos teores dos minerais potássio e magnésio, que ajudam a manter uma produção eficiente de energia. A falta de um desses minerais pode levar a fadiga, cãibras musculares, risco de colesterol alto, hipertensão e problemas cardíacos. Acredita-se também que a abóbora reduza os sintomas de hiperplasia, um tumor benigno da próstata.

FATOS

*Arqueólogos encontraram evidências em cavernas mexicanas que sugerem que a humanidade vem consumindo abóboras há, no mínimo, 7 mil anos.

*As abóboras arredondadas e alongadas são da variedade "de inverno". Entre elas, há a abóbora japonesa e a moranga.

*As abóboras "de inverno" acumulam mais betacaroteno depois de guardadas do que as recém-colhidas.

*As menores geralmente são mais saborosas.

couve-flor

NUTRIENTES
Vitaminas B3, B5, B6, C, ácido fólico; cálcio, manganês, potássio, zinco

Combata o intestino preguiçoso com este excelente depurador interno.

Membro da poderosa família dos vegetais crucíferos, a couve-flor contém um composto chamado glucosinolato, que abastece e fortalece o fígado, na sua função de desintoxicante, mantendo o organismo limpo para um desempenho ideal. Também é uma boa fonte de vitaminas do complexo B, os nutrientes mais importantes para a produção de energia e que auxiliam as glândulas adrenais.

COUVE-FLOR E LENTILHAS AO CURRY

1 colher (sopa) de azeite
1 dente de alho amassado
1 cebola bem picada
1 colher (sopa) de curry em pó
250 ml de caldo quente de legumes
1 couve-flor em floretes
100 g de lentilhas
arroz integral para servir

Numa panela grande, aqueça o azeite em fogo baixo. Coloque o alho, o curry em pó e a cebola e frite até ficar macia. Adicione o caldo, a couve-flor e a lentilha, cubra e apure por cerca de 20 minutos. Sirva com arroz integral.

Quem sofre de gota deve evitar a couve-flor pelo teor de purinas, que favorecem a formação de ácido úrico.

brócolis

Celebrado como um superalimento, o brócolis contém compostos que podem estimular a motivação, ajudando na melhora do humor e da disposição.

A longa lista dos nutrientes do brócolis sinaliza que é um brilhante reativador de energia. O zinco reforça o estado de alerta mental, a vitamina B5 ajuda o organismo a transformar gorduras em energia, e o ácido fólico estimula a produção de serotonina, um agente químico que atua no centro de humor do cérebro. Boa fonte vegetal de cálcio, o brócolis promove o relaxamento muscular pós-exercício e atua na construção óssea.

NUTRIENTES

Vitaminas B1, B3, B5, B6, C, E, K, betacaroteno, ácido fólico; cálcio, ferro, fósforo, iodo, magnésio, manganês, potássio, zinco

BRÓCOLIS PICANTE

2 maços de brócolis em floretes
1 cebola picadinha
2 colheres (sopa) de óleo de girassol
1 colher (sopa) de curry em pó
½ colher (chá) de pimenta em pó
250 ml de creme de leite
50 g de amêndoas em lâminas

Cozinhe o brócolis no vapor por 6-8 minutos até ficar macio. Em outra panela, frite a cebola no óleo até amolecer. Junte o brócolis, as especiarias e o creme de leite e apure por 5 minutos. Salpique as amêndoas.

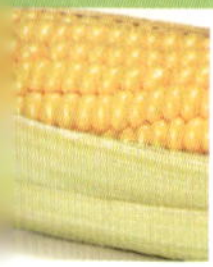

milho

NUTRIENTES
Vitaminas B3, B5, C, betacaroteno, ácido fólico; fósforo, magnésio, potássio, zinco

RELISH DE MILHO VERDE

2 espigas de milho
50 g de manteiga
1 pimentão vermelho em cubinhos
1 cebola roxa em cubinhos
2 talos de aipo em cubinhos
½ pepino em cubinhos

Numa panela grande, cozinhe o milho em água e sal por 7-8 minutos, até ficar macio. Escorra, separe os grãos e tempere com a manteiga. Misture bem com os outros ingredientes.

Assado ou cozido, o milho é um acompanhamento crocante e delicioso para carnes.

Comer uma espiga de milho é o modo mais nutritivo de consumir seus grãos. O milho contém carboidratos (amido) e proteína vegetal, que proporcionam energia durante a atividade física, e luteína, antioxidante que protege os olhos e o sistema cardiovascular. É preferível consumi-lo fresco; porém, se não for possível, saiba que o produto enlatado ou congelado retém a maioria de seus benefícios.

Para o milho não queimar na churrasqueira, deixe-o na água por 10 minutos e enrole em papel-alumínio.

acelga

Consumida crua ou cozida, a acelga é uma valiosa fonte de ferro para os atletas vegetarianos. Existem diversos tipos de acelga como o desta foto.

A acelga possui talos crocantes e folhas de sabor delicado. É excelente na construção e mineralização dos ossos, graças ao seu teor de cálcio, além de ser rica em vitamina A, que ajuda a manter a vista saudável. Contém selênio, antioxidante que retarda o envelhecimento e é muito rica em fibras, principalmente de celulose, que regulariza o funcionamento do intestino. A vitamina E ajuda a prevenir os problemas cardiovasculares e a aterosclerose.

NUTRIENTES

Vitaminas A, E, ácido fólico; cálcio, ferro, magnésio, selênio, zinco

ACELGA COM GERGELIM

1 cebola bem picada
1 colher (sopa) de azeite
1 colher (sopa) de shoyu
50 g de sementes de gergelim
300 g de folhas de acelga

Refogue a cebola no azeite até ficar macia. Junte o shoyu e as sementes de gergelim. Corte as folhas de acelga em tiras, coloque na panela e mexa até murcharem.

couve-chinesa

NUTRIENTES

Vitaminas B2, B6, C, betacaroteno, ácido fólico; cálcio, ferro, fósforo, magnésio, manganês, potássio, selênio, zinco

Incremente o teor nutritivo dos refogados e rolinhos primavera com este poderoso legume chinês.

A couve-chinesa pertence à família dos repolhos e tem um leve sabor de mostarda. Tanto as folhas quanto os talos podem ser ingeridos e são ricos em nutrientes. As folhas novas com talos finos são excelentes em saladas. Uma porção média de couve cozida tem o mesmo teor de cálcio de 125 ml de leite integral. Também tem vitamina C em abundância, auxiliando na recuperação dos machucados e fortalecendo as paredes celulares.

REFOGADO CROCANTE DE LEGUMES

- **1 colher (sopa) de óleo de gergelim**
- **1 cebola picadinha**
- **1 dente de alho amassado**
- **½ repolho rasgadinho**
- **150 g de cogumelos fatiados**
- **4 folhas de couve-chinesa rasgadas**

Aqueça o óleo numa wok em fogo alto. Refogue a cebola e o alho por 2 minutos. Junte o repolho, os cogumelos e a couve e frite por mais 4 minutos.

A couve-chinesa é conhecida também como repolho-chinês.

cogumelo

A compulsão por açúcar antes, durante ou depois do exercício pode ser controlada pela inclusão regular de cogumelos no cardápio.

Os cogumelos liberam energia lentamente graças ao seu alto teor de proteínas vegetais. Também são ricos em cromo, que ajuda a estabilizar os níveis de açúcar no sangue e, assim, a controlar a compulsão por açúcar. Quanto mais velhos, maior a probabilidade de não estarmos ingerindo cromo suficiente. Para os vegetarianos, são uma fonte importante de vitamina B12, vital na manutenção de níveis saudáveis de energia.

NUTRIENTES

Vitaminas B1, B2, B3, B5, B6, B12, E, ácido fólico; cálcio, cobre, cromo, ferro, fósforo, manganês, potássio, selênio, zinco

PATÊ DE COGUMELOS

375 g de champignons picados
2 colheres (sopa) de azeite
1 colher (sopa) de shoyu
200 g de mascarpone
2 colheres (sopa) de estragão picado

Frite os cogumelos com o azeite por 2 minutos. Junte 4 colheres (sopa) de água e apure por 10 minutos. Deixe esfriar, escorra e bata no liquidificador. Adicione os outros ingredientes. Leve ao refrigerador por no mínimo 1 hora e sirva.

quiabo

NUTRIENTES
Vitaminas B1, B3, B5, B6, C, K, betacaroteno, ácido fólico; cálcio, ferro, fósforo, iodo, magnésio, manganês, potássio, selênio, zinco

Se o treino for interrompido por problemas estomacais, o quiabo pode ajudar na recuperação do sistema digestório.

Este legume típico brasileiro é muito usado no Oriente Médio e nas cozinhas indiana, norte-africana e caribenha. É uma boa fonte de fibra solúvel, que ajuda a reduzir o colesterol e estabilizar os níveis de açúcar no sangue. Também contém *psyllium*, que age como um probiótico nos intestinos, estimulando a proliferação de bactérias benéficas e amenizando problemas estomacais.

GUMBO

400 g de quiabo sem o cabinho
2 abobrinhas sem as pontas
2 pimentões amarelos
3 tomates grandes
1 cebola picada
1 colher (sopa) de óleo de girassol
1 colher (sopa) de purê de tomate
arroz integral para servir

Corte os legumes em cubos de 2,5 cm. Numa panela refratária com óleo, frite a cebola e os legumes, até ficarem macios. Junte o purê, tampe e asse no forno preaquecido a 190°C por 1 hora. Sirva com arroz integral.

O quiabo é ótimo para os órgãos da digestão.

31

batata-doce

Uma batata-doce assada no forno é uma refeição leve para quem prefere a academia à cozinha.

Apesar do sabor doce, esta raiz leguminosa fornece carboidratos complexos saudáveis, liberando um fluxo regular de energia na corrente sanguínea e ajudando a regular os níveis de açúcar no sangue. Uma usina de antioxidantes, a batata-doce é excelente fonte de vitaminas C, E e betacaroteno, que atuam para evitar a fadiga pós exercício. Também contém vitamina B6, que ajuda a proteger o coração.

NUTRIENTES

Vitaminas B1, B3, B5, B6, C, E, betacaroteno, ácido fólico; cálcio, ferro, fósforo, iodo, magnésio, manganês, potássio, selênio, zinco

BATATA-DOCE E ERVILHA-TORTA AO VAPOR

3 batatas-doces descascadas em cubos
100 g de ervilha-torta
3 colheres (sopa) de shoyu
1 colher (sopa) de sementes de girassol

Corte a batata-doce em cubos de 2,5 cm e ponha numa caçarola grande. Adicione 2 colheres (sopa) de água, tampe e cozinhe por 8 minutos, até ficar macia. Junte a ervilha-torta e cozinhe por mais 2 minutos. Coloque os legumes em uma tigela e salpique o shoyu e as sementes de girassol. Sirva como acompanhamento ou petisco.

32

cará

NUTRIENTES

Vitaminas B1, B3, B5, B6, C, E, ácido fólico; cálcio, ferro, fósforo, iodo, magnésio, manganês, potássio, selênio, zinco

FATOS

*Um dos alimentos mais consumidos do mundo, o cará tem sido cultivado desde 8.000 a.C. na África e na Ásia.

*O cará existe nas variedades amarela, branca, marfim e roxa.

*Existem mais de 200 espécies de cará.

*O cará algumas vezes apresenta brotos, conhecidos por "dedos".

*Diferente da batata-doce, o cará é tóxico quando consumido cru, embora ambos sejam seguros quando cozidos.

Fonte de energia de liberação lenta, este tubérculo cheio de amido é uma opção melhor do que a batata para os adeptos da academia.

Graças ao alto teor de fibras, o cará tem baixo índice glicêmico e oferece uma forma mais substanciosa de energia de carboidratos do que as batatas mais populares.

ESTIMULA A ENERGIA

Rico em potássio e pobre em sódio, o cará ajuda a regular o equilíbrio hídrico que o exercício pode esgotar facilmente pela transpiração. Contém várias das vitaminas do complexo B e é

CARÁ CÍTRICO

2 carás descascados em pedaços de 2,5 cm
4 colheres (sopa) de azeite
1 colher (sopa) de salsinha picada
1 colher (sopa) de coentro picado
suco e raspas de 1 laranja
suco e raspas de 1 limão

Cozinhe o cará no vapor por 20 minutos, até ficar macio. Numa tigela, bata juntos o azeite, a salsinha, o coentro, o suco e as raspas da laranja e do limão. Junte o cará cozido ao molho. Sirva como aperitivo, petisco ou acompanhamento.

rico em vitamina B1, útil para estimular os níveis de energia, e manganês, micromineral que auxilia o organismo a metabolizar os carboidratos.

EQUILIBRA O AÇÚCAR E O SAL NO SANGUE

A discoretine, substância química encontrada no cará, é particularmente útil para os atletas, pois reduz o açúcar no sangue e aumenta o fluxo de sangue nos rins. Isso ajuda a eliminar o excesso de sal e, portanto, a reduzir a hipertensão.

Jamais coma a casca do cará, pois é fibrosa e indigesta.

BOLINHOS DE CARÁ COM SEMENTES DE PAPOULA

1 cará descascado e picado
3 gemas de ovo
½ colher (chá) de pimenta em pó
1 colher (chá) de fubá
3 colheres (sopa) de farinha de trigo com fermento
4 colheres (sopa) de sementes de papoula

Cozinhe o cará por 20 minutos, até amaciar. Coe, deixe esfriar e bata no processador. Coloque em uma tigela com as gemas, a pimenta, o fubá e a farinha. Molde bolinhas e passe nas sementes de papoula. Cozinhe no vapor por 10 minutos e sirva.

berinjela

NUTRIENTES
Vitaminas B1, B3, B6, C, K, betacaroteno, ácido fólico; cálcio, cobre, ferro, fósforo, iodo, magnésio, manganês, potássio, selênio, zinco

Graças à grande quantidade de componentes curativos, a berinjela ajuda a evitar enfermidades que prejudicam o desempenho.

A berinjela é repleta de antioxidantes, incluindo o ácido clorogênico, que é antiviral, antibacteriano e antifúngico, e a nasunina, um flavonoide que se acredita que elimina os radicais livres, protegendo o organismo de doenças. Da família das solanáceas, a berinjela deve ser evitada pelos que sofrem de osteoartrite, pois pode causar inflamações nas articulações.

ROLINHOS DE BERINJELA E RICOTA

1 berinjela grande sem as pontas
3 colheres (sopa) de azeite
suco e raspas de 1 limão
200 g de ricota
4 tomates secos cortados
pimenta-do-reino

Corte a berinjela no sentido do comprimento em fatias de 5 mm. Cubra com o azeite e o suco e as raspas do limão. Disponha numa assadeira e grelhe por 3 minutos de cada lado. Coloque um pouco de queijo, tomate e pimenta em cada fatia. Dobre e fixe com um palito de coquetel. Grelhe por 2 minutos e sirva.

folhas de uva

Muito usadas na culinária grega, as folhas de uva contêm flavonoides antioxidantes que ajudam a prevenir as dores musculares pós-exercício.

As folhas de uva tenras, de cor verde-escura, com sabor delicado e textura similar à do espinafre, são encontradas frescas nos grandes supermercados. Contêm flavonoides e vitamina C, úteis para quem se exercita regularmente, pois uma dieta rica em antioxidantes facilita a recuperação mais rápida após os exercícios e ajuda o organismo a ficar em plena forma.

Ferva as folhas de uva frescas em água salgada por 4 minutos antes de usá-las.

NUTRIENTES

Vitaminas C, E, K; cálcio, ferro, fósforo, magnésio, manganês, potássio, selênio, sódio, zinco

CHARUTINHOS DE CORDEIRO

400 g de carne de cordeiro moída
200 g de arroz de grão longo
hortelã picada
1 colher (sopa) de azeite
3 cebolinhas bem picadas
sal e pimenta-do-reino
16 folhas de uva

Misture bem a carne, o arroz, a hortelã, o azeite e a cebolinha e tempere. Coloque 2 folhas de uva, uma em cima da outra, junte uma colherada da mistura e enrole. Repita até obter 8 rolinhos. Coloque numa panela a vapor sobre água fervente. Cozinhe por 1 hora ou até ficarem macios e o arroz e a carne estiverem cozidos. Sirva como entrada.

lagostim

NUTRIENTES
Vitaminas B3, B12; cálcio, cobre, enxofre, magnésio, potássio, selênio, zinco

TALHARIM DE LAGOSTIM

300 g de talharim fresco
500 g de tomates-cereja cortados ao meio
1 colher (sopa) de azeite
suco e raspas de 1 limão
400 g de lagostim limpo cozido
folhas de manjericão

Cozinhe o talharim em água fervente com sal, de acordo com as instruções da embalagem, e escorra. Em outra panela, salteie os tomates no azeite por 3 minutos. Adicione, mexendo, o suco e as raspas do limão, o lagostim, o majericão e o talharim. Sirva em seguida.

Crustáceos saborosos, os lagostins são ricos em minerais que melhoram o sistema imunológico.

Os lagostins parecem uma versão em miniatura das lagostas. São uma excelente fonte de selênio, antioxidante mineral que constitui uma das melhores fontes de protetores naturais das células, pois elimina os radicais livres produzidos pelo organismo durante o exercício. A deficiência de selênio está associada a ansiedade, depressão e fadiga. Os lagostins também são uma valiosa fonte de zinco, que ajuda na prevenção de doenças.

truta

Com um terço das gorduras do salmão, a truta é uma excelente opção para os que se preocupam com as calorias.

NUTRIENTES
Vitaminas A, B1, B2, B6, B12; cálcio, ferro, selênio; ácidos graxos essenciais ômega-3

A truta é uma boa fonte de ácidos graxos essenciais, que ajudam a melhorar a velocidade do atleta, pois auxiliam na oxigenação das células, aumentando os níveis de energia e a força. As gorduras ômega-3 estimulam a produção de leptina, hormônio que ajuda a controlar o apetite. Além disso, a truta é repleta de proteínas que estimulam o crescimento e a regeneração muscular.

Uma porção de 100 g de truta contém apenas 135 calorias.

TRUTA RECHEADA COM SÁLVIA E ALECRIM

4 trutas frescas inteiras e limpas
folhas de sálvia
raminhos de alecrim
suco de 2 limões
50 g de manteiga
legumes no vapor para servir

Disponha a truta num refratário. Recheie cada peixe com as ervas e borrife com o suco de limão. Derreta a manteiga e regue o peixe com ela. Asse no forno preaquecido a 180°C por 35 minutos. Sirva com legumes no vapor.

salmão

NUTRIENTES
Vitaminas A, B3, B6, B12, D, E, ácido fólico; cálcio, fósforo, magnésio, selênio; ácidos graxos essenciais ômega-3

ALMÔNDEGAS DE SALMÃO

85 g de arroz de grão longo
1 ovo
1 dente de alho
1 cebola picada
2 colheres (chá) de óleo de girassol, mais um pouco para fritar
500 g de filé de salmão sem pele picado
1 colher (sopa) de salsinha picada

Ferva 125 ml de água. Coloque o arroz, abaixe o fogo e apure por 10 minutos. Deixe esfriar. No processador, bata o ovo, o alho, a cebola e o óleo. Misture bem com o arroz, o salmão e a salsinha e forme 8 almôndegas. Frite aos poucos no óleo por 4-5 minutos de cada lado.

Uma das fontes mais saudáveis de proteína, o salmão é uma estupenda escolha para os atletas.

Quando praticantes regulares de exercícios não incluem proteínas suficientes em sua dieta, demoram mais para se restabelecer depois do treino e fortalecer os músculos. O salmão fornece bastante proteína e uma das mais altas taxas de ácidos graxos essenciais ômega-3 e DHA (ácido docohexaenoico), ambos reconhecidos por auxiliarem na redução da rigidez das articulações pós-exercício. O DHA é muito importante para ajudar o sangue a fluir livremente pelas artérias.

atum

O atum oferece um pacote nutricional proteico de baixa caloria e de preparo rápido.

As fontes magras de proteína são essenciais para quem é fisicamente ativo, pois previnem as quedas de energia sem aumentar a ingestão de calorias. O atum fresco é rico em ácidos graxos ômega-3, que têm um papel importante na produção de energia e auxiliam na queima da gordura. Prepare fatias finas de atum numa grelha preaquecida ou, para uma opção mais rápida ainda, use os enlatados.

NUTRIENTES

Vitaminas B1, B3, B6, B12, D, E; magnésio, fósforo, iodo, potássio, selênio, sódio; ácidos graxos essenciais ômega-3

A albacora, o bonito e o atum de alto-mar são os tipos mais nutritivos.

SALADA DE ATUM E VAGEM

100 g de vagem cozida no vapor fatiada
100 g de tomates-cereja
2 colheres (sopa) de azeite
400 g de filé de atum fresco

Numa tigela, misture a vagem, o tomate e o azeite. Grelhe o atum por 3 minutos de cada lado. Fatie, disponha sobre a salada e sirva.

39

sardinha

NUTRIENTES
Vitaminas B3, B6, D, E; cálcio, ferro, iodo, potássio, selênio; ácidos graxos ômega-3

Uma das poucas fontes não lácteas de cálcio de fácil absorção, a sardinha é um alimento de primeira classe para os atletas.

Incluir bastante cálcio na dieta é essencial para ter ossos fortes e pode ajudar o organismo a queimar gorduras com mais eficiência. A sardinha é rica em proteína, ferro, zinco, ácidos graxos essenciais, vitamina D e cálcio. Peça ao peixeiro para retirar apenas a cabeça e a espinha central, deixando os outros ossos – uma vez cozidos, eles ficam bem moles, podendo ser amassados com o garfo.

SARDINHAS JAPONESAS

400 g de sardinhas lavadas e escorridas
125 ml de shoyu
4 colheres (sopa) de vinagre de vinho branco
suco e raspas de 1 limão
1 talo de capim-limão picado
2,5 cm de gengibre picado
2 dentes de alho amassados
1 colher (chá) de pimenta em pó

Arrume as sardinhas num prato raso. Misture os outros ingredientes e regue as sardinhas com eles. Cubra e deixe na geladeira por 3 horas. Despreze a marinada e grelhe por 3-5 minutos, virando uma vez, até a carne soltar em lascas.

As sardinhas enlatadas são um alimento "instantâneo" nutritivo e barato.

cavala

Adicione ao cardápio cavalinhas frescas, defumadas ou enlatadas, e garanta muitos benefícios para a saúde.

Os filés de cavala são simples de preparar e de fácil digestão. Estão repletos de ácidos graxos essenciais ômega-3, que ajudam a prevenir doenças cardíacas e a manter as articulações saudáveis. Seu teor de vitamina E ajuda a proteger os nervos e o coração do desgaste do esporte. A cavala é também uma das poucas fontes alimentícias de vitamina D, crucial para a saúde dos ossos.

NUTRIENTES

Vitaminas B3, B6, B12, D, E; cálcio, iodo, potássio, selênio; ácidos graxos essenciais ômega 3

PURÊ DE CAVALA

4 batatas descascadas em cubos
25 g de manteiga
1 colher (sopa) de leite
1 colher (sopa) de salsinha picada
½ cebola picadinha
400 g de cavalinhas cozidas sem pele em lascas
pimenta-do-reino

Cozinhe as batatas em água salgada fervente até ficarem macias. Amasse com a manteiga e o leite. Junte a salsinha, a cebola e a cavalinha e tempere com a pimenta.

robalo

NUTRIENTES
Vitaminas B3, B12; cálcio, iodo, magnésio, potássio, selênio; ácidos graxos essenciais ômega-3

A carne firme, branca e em lascas do robalo é um substituto delicioso e cheio de nutrientes para o bacalhau.

Com os estoques globais de bacalhau seriamente afetados, o robalo está se tornando uma alternativa popular.

AUMENTA A ENERGIA

Uma porção média de robalo oferece mais de 20 por cento da dose diária recomendada do energizante selênio e das vitaminas

O robalo é uma fonte nobre de proteína – sua carne contém menos de 5 por cento de gordura.

CREME DE ROBALO

1 colher (sopa) de azeite
1 cebola picada
3 cenouras raspadas em cubos
2 batatas grandes descascadas em cubos
100 g de arroz integral
500 ml de caldo de legumes
500 g de robalo sem espinha nem pele em pedaços
4 colheres (sopa) de leite

Aqueça o azeite numa panela e frite levemente a cebola. Adicione a cenoura, a batata, o arroz e o caldo de legumes. Ferva, reduza o fogo e apure por 15 minutos. Junte os pedaços de peixe e o leite e apure por mais 8 minutos. Sirva imediatamente.

B3 e B12, assim como mais de 10 por cento da dose diária recomendada de magnésio e potássio, que equilibram o nível de fluidos do organismo. O robalo também é rico em iodo, mineral necessário para regular o metabolismo e a atividade da glândula tireoide.

RECONSTRÓI OS MÚSCULOS

Uma fantástica fonte de proteína magra, o robalo ajuda o organismo a manter a sensação de saciedade por mais tempo, principalmente quando ingerido com carboidratos, como arroz integral. Essa combinação ajuda a regenerar os músculos, pois o carboidrato ativa a libcração do hormônio insulina, que age como uma chave, abrindo as células para que absorvam os aminoácidos da proteína.

FATOS

*Quando fresco, o robalo nunca tem cheiro forte, os olhos são brilhantes e claros, e a carne cede levemente quando pressionada, logo voltando ao normal.

*Para armazenar o robalo, rotiro o da embalagem, enxágue em água fria e seque com papel-toalha. Coloque sobre uma grade numa panela rasa cheia de gelo picado. Cubra com filme de PVC e ponha na parte mais fria do refrigerador.

*Quando bem embalado, pode ser congelado por 3-4 meses.

camarão

NUTRIENTES

Vitaminas B3, B12; cálcio, fósforo, iodo, magnésio, potássio, selênio, sódio, zinco

Os camarões comprados com a casca são mais saborosos do que os descascados.

Os mais populares e versáteis crustáceos do mundo, os camarões ficam ótimos em risotos, em saladas e com frutos do mar.

O camarão é rico em vitaminas do complexo B e minerais vitais, incluindo potássio, magnésio e sódio – que ajudam a restaurar o equilíbrio eletrolítico dos atletas depois de uma sessão pesada de treino. Como o camarão contém mais sódio do que a maioria dos alimentos (embora não em níveis perigosos), pode ajudar a prevenir o desequilíbrio de minerais causado pela ingestão excessiva de água durante um treino pesado.

CAMARÕES E BURGOL

225 g de trigo para quibe
500 ml de caldo quente de legumes
1 cebola roxa picadinha
400 g de camarões limpos cozidos
folhas de manjericão picadas

Coloque o trigo numa panela, adicione o caldo de legumes e deixe em repouso por 30 minutos. Junte a cebola crua, os camarões e o manjericão e sirva.

ostras

Este molusco delicioso fornece proteína, vitaminas do complexo B e uma dose maciça de minerais.

NUTRIENTES
Vitaminas A, B3, B12, C, D, E; cálcio, ferro, iodo, magnésio, selênio, zinco; ácidos graxos essenciais ômega-3

Maior fonte natural de zinco, as ostras são ótimas para melhorar a imunidade e elevar a qualidade do esperma. Proporcionam energia para quem pratica exercícios e são ricas em proteína de baixo teor de gordura. Também contêm vitamina B12, que ajuda a prevenir a anemia, e iodo, vital para o funcionamento correto da glândula tireoide, que, se estiver hipoativa, pode levar a quadros de exaustão debilitantes.

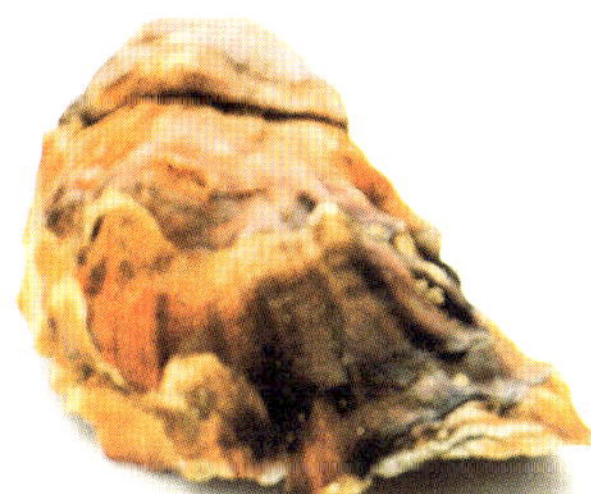

OSTRAS ASSADAS

- **16 ostras frescas**
- **1 colher (sopa) de óleo de gergelim**
- **1 colher (sopa) de vinagre de vinho branco**
- **1 colher (sopa) de suco de limão**
- **1 cm de gengibre ralado**
- **1 colher (chá) de sal**

Coloque as ostras numa assadeira com a parte funda para baixo e asse no forno preaquecido a 200°C por 5 minutos, até abrirem. Numa tigela, bata o óleo de gergelim, o vinagre, o suco de limão, o gengibre e o sal. Tire a "tampa" das conchas e ponha um pouco do molho em cada ostra. Sirva-as como aperitivo.

mariscos

NUTRIENTES

Vitaminas B2, B6, B12, E, ácido fólico; cálcio, ferro, magnésio, potássio, selênio, zinco; ácidos graxos ômega-3

SALADA DE FRUTOS DO MAR

300 g de mariscos cozidos sem as conchas
100 g de camarões limpos cozidos
1 cebola ralada
½ repolho branco rasgado
2 cenouras raladas
1 beterraba ralada
2 colheres (sopa) de maionese

Misture os mariscos, os camarões, a cebola, o repolho, as cenouras e a beterraba numa tigela grande. Coloque a maionese, misture bem e sirva.

Repletos de ácidos graxos essenciais que protegem as articulações, os mariscos são perfeitos para quem corre regularmente.

Uma porção média de mariscos fornece metade da dose diária recomendada de ácidos graxos ômega-3, ótimos devido às suas propriedades anti-inflamatórias, pois ajudam a manter as articulações lubrificadas e previnem contusões comuns no esporte. Mariscos também são muito ricos em zinco, mineral essencial para transformar carboidratos, gorduras e proteínas em energia.

vieiras

De textura suave e consistente e sabor delicado, as vieiras são ricas em nutrientes benéficos ao coração.

As vieiras fornecem quatro nutrientes que trazem benefícios cardiovasculares significativos a esportistas: a vitamina B12, os ácidos graxos essenciais ômega-3, o magnésio e o potássio. O organismo necessita da vitamina B12 para equilibrar a homocisteína, elemento químico que pode prejudicar as paredes dos vasos sanguíneos. Os ácidos graxos ômega-3 ajudam o sangue a fluir livremente; o magnésio estimula o relaxamento dos vasos sanguíneos, diminuindo a pressão arterial. O potássio também ajuda a equilibrar a pressão.

As vieiras são as "coquilles st.-jacques" francesas. No Brasil, também são conhecidas como "leques".

NUTRIENTES

Vitamina B12; cálcio, fósforo, magnésio, potássio, selênio; ácidos graxos essenciais ômega-3

VIEIRAS GRELHADAS COM COENTRO

100 g de manteiga
suco de ½ limão
um punhado de folhas de coentro picadas
24 vieiras (reserve as conchas)

Coloque as vieiras numa assadeira com a carne para cima. Asse na grelha quente por 2 minutos. Divida a manteiga, o suco de limão e o coentro entre as conchas. Asse por mais 2-3 minutos, até as vieiras ficarem inteiramente brancas, e sirva.

lulas

NUTRIENTES
Vitaminas B2, B3, B6, B12; cálcio, fósforo, iodo, magnésio, manganês, potássio, selênio, zinco; ácidos graxos essenciais ômega-3

Com sabor distinto, a carne da lula contém mais zinco – que melhora o sistema imunológico –, manganês e cobre do que muitos frutos do mar.

Acredita-se que a proteína contida na carne da lula seja do mesmo tipo da encontrada na carne dos peixes e que tem o mesmo valor nutricional. Com quase nenhuma gordura saturada, oito aminoácidos essenciais e alto teor de proteína de rápida digestão, as lulas são uma boa forma de os esportistas ingerirem a quantidade de proteína necessária para compensar os danos musculares durante e após um treino intenso.

LULAS COM SAL E PIMENTA

1 colher (sopa) de sal
1 colher (sopa) de pimenta-do-reino
4 colheres (sopa) de fubá
4 colheres (sopa) de semolina
800 g de lulas limpas
1 litro de óleo para fritar
maionese para servir
rodelas de limão para servir

Amasse o sal e a pimenta num pilão e misture com o fubá e a semolina. Empane as lulas nessa mistura. Numa panela, frite as lulas no óleo quente até dourar e escorra. Sirva com a maionese e o limão.

ovas de tainha

Repletas de nutrientes e de sabor delicioso, as ovas de tainha são um belo complemento para torradas.

As ovas de tainha são uma fonte maravilhosa de vitaminas D e E e contêm quase tanta vitamina E quanto uma porção de germe de trigo (a maior fonte vegetal dessa vitamina). Os ácidos graxos ômega-3 fornecem toda a matéria-prima de que o organismo precisa para produzir compostos anti-inflamatórios que aliviam as dores depois dos treinos. A proteína libera lentamente energia para alimentar os músculos depois de exercícios.

Uma porção de 175 g de ovas de tainha fornece mais que o dobro das necessidades diárias de vitamina D.

NUTRIENTES

Vitaminas A, B1, B2, B3, C, E; cálcio, ferro, magnésio; ácidos graxos essenciais ômega 3

TORRADAS COM OVAS DE TAINHA

400 g de ovas de tainha
3 colheres (sopa) de farinha
2 colheres (sopa) de azeite
folhas de rúcula
4 torradas integrais com manteiga
suco de ½ limão

Lave as ovas sobre uma peneira. Passe levemente na farinha e frite no óleo em fogo baixo por 3 minutos, virando com cuidado. Se desejar, corte em fatias (cuidado para não esfarelar). Disponha as folhas de rúcula na torrada, coloque as ovas, regue com suco de limão e sirva.

48

carne de boi

NUTRIENTES
Vitaminas B1, B2, B3, B6, B12; enxofre, ferro, fósforo, selênio, zinco; ácidos graxos ômega-3

HAMBÚRGUER CASEIRO

85 g de arroz de grão longo
1 cebola pequena
1 ovo
uma pitada de sal
350 g de carne moída magra
1 colher (sopa) de azeite

Cozinhe o arroz com 125 ml de água. Bata no processador a cebola, o ovo e o sal. Numa tigela, misture bem a carne moída e o arroz cozido frio com a mistura de ovo. Molde no formato de hambúrgueres. Frite no azeite por 7 minutos de cada lado ou até o ponto desejado.

Excelente fonte de proteína e ferro, a carne ajuda quem é fisicamente ativo a ficar em plena forma.

O ferro acumulado no organismo é gasto na transpiração, e o impacto dos pés no solo durante a corrida destrói os glóbulos vermelhos do sangue, por isso é comum que os atletas apresentem uma deficiência desse mineral. A carne bovina é uma rica fonte animal de ferro, de absorção mais fácil do que as fontes vegetais. Também contém ácido linoleico conjugado, que estimula a conversão da gordura depositada em energia.

Os cortes mais saudáveis e magros de carne são a alcatra, o lagarto e o filé-mignon.

49

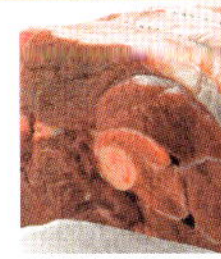

cordeiro

Rica em proteína, essa carne ajuda a prevenir os picos de fome na rua, na trilha ou na academia.

A perna e o lombo de cordeiro são cortes magros cheios de proteína, que auxilia a reduzir o apetite e prolonga a sensação de saciedade. A carne de cordeiro também é rica em enxofre, um componente-chave do sulfato de condroitina, molécula complexa responsável pela elasticidade da cartilagem e resistência à compressão de que as articulações necessitam para absorver o impacto entre os ossos.

NUTRIENTES

Vitaminas B1, B2, B3, B6, B12; enxofre, ferro, fósforo, selênio, zinco

ASSADO DE CORDEIRO COM BATATA

800 g de batatinhas
8 folhas de louro
2 cebolas roxas fatiadas
2 colheres (sopa) de azeite
suco de 1 limão
8 costeletas de cordeiro
hortelã picada

Coloque a batata, as folhas de louro e a cebola numa assadeira. Borrife um pouco do azeite e do suco de limão, cubra com papel-alumínio e asse em forno preaquecido a 220°C por 40 minutos. Numa panela, doure as costeletas dos dois lados no restante do azeite. Retire o papel-alumínio, junte as costeletas e a hortelã e asse por mais 15 minutos.

carne de porco

NUTRIENTES
Vitaminas B1, B2, B3, B6, B12; potássio, selênio, zinco

LOMBO CARAMELADO COM AMEIXA
8 porções

125 g de geleia de ameixa
suco e raspas de 1 laranja
1 colher (chá) de noz-moscada ralada
1 colher (chá) de canela em pó
1 colher (chá) de gengibre ralado
2,25 kg de lombo

Coloque a geleia, a laranja e as especiarias em uma panela pequena, aqueça levemente e pincele o pernil com a mistura. Embrulhe-o em papel-alumínio e asse por 2h30 no forno preaquecido a 190°C. Retire o papel-alumínio e asse por mais 30 minutos. Fatie e sirva.

A carne de porco é uma fonte valiosa de duas fontes de energia: proteína e vitaminas do complexo B.

A proteína é o elemento que mais eleva o índice metabólico na alimentação: até 20 por cento das calorias de uma refeição proteica podem ser queimadas. Uma porção média de carne de porco (100 g) contém 30 g de pura proteína, além de toda a série de vitaminas B, essenciais para converter carboidratos em energia e prevenir o cansaço.

51

peru

Esta carne magra e altamente proteica traz benefícios incríveis na construção de tecidos musculares.

A carne de peru contém uma das mais altas concentrações de substâncias construtoras de tecido muscular, os dipeptídios. Em testes, atletas que ingeriram regularmente porções de 140 g de peito de peru demonstraram um aumento de 40 por cento na concentração muscular e uma grande melhora no desempenho, especialmente corredores, remadores, ciclistas e patinadores.

A coxa de peru contém duas vezes mais ferro e três vezes mais zinco que o peito.

NUTRIENTES

Vitaminas B2, B3, B6, B12; ferro, fósforo, selênio, zinco

PERU EMPANADO

4 peitos de peru de 175 g achatados
3 colheres (sopa) de farinha de trigo
1 ovo grande batido
100 g de flocos de milho amassados no pilão
salada para servir

Passe os pedaços de peru na farinha, depois no ovo e nos flocos de milho. Coloque na assadeira e leve ao forno preaquecido a 180°C por 25 minutos, até que, ao espetar a carne, o caldo saia claro. Sirva com salada.

*frango

NUTRIENTES
Vitaminas A, B2, B3, B6, B12, K; ferro, fósforo, magnésio, potássio, selênio, sódio, zinco

FATOS

*O peito de frango com pele contém quase duas vezes mais gordura saturada do que o sem pele.

*A carne branca do peito de frango contém menos gordura e menos calorias do que a carne escura (asas e coxas).

*As aves de criação orgânica não recebem os hormônios de crescimento ou antibióticos dados às aves criadas em confinamento.

*O frango está cozido quando sua carne fica opaca, sem nenhum vestígio rosado nos ossos, e o caldo sai claro.

Considerada uma mina de proteínas, a carne de frango talvez seja a mais versátil de todas.

A alta ingestão de gorduras saturadas aumenta o risco de doenças cardíacas e se reflete no peso, reduzindo o rendimento do atleta. Enquanto todas as carnes e laticínios contêm alguma gordura saturada, o frango, principalmente o orgânico, é uma das opções mais magras e saudáveis.

MELHORA O DESEMPENHO
O frango oferece uma boa quantidade de proteína para construir e restaurar a musculatura e uma lista impressionante de

COXA AGRIDOCE DE FRANGO

6 colheres (sopa) de vinagre balsâmico
2 colheres (sopa) de óleo de girassol
1 colher (chá) de mostarda
1 colher (chá) de mel
½ colher (chá) de sal
1 colher (chá) pimenta-do-reino
8 coxas grandes de frango

Misture o vinagre, o óleo, a mostarda, o mel e o tempero. Passe as coxas de frango na mistura e deixe-as em uma travessa na geladeira por 2 horas. Grelhe por 15-20 minutos, virando a cada 5 minutos, até assar bem e o caldo sair claro.

minerais, incluindo magnésio, que ajuda a reduzir o risco de cãibras durante exercícios, e potássio, que equilibra os níveis de fluidos no corpo, além de selênio e zinco, que melhoram a imunidade. O zinco também é conhecido por suas propriedades energéticas.

MELHORA O HUMOR

O frango é uma fonte excelente de triptofano, aminoácido essencial que ajuda a controlar os níveis de serotonina no cérebro, responsável pelo apetite e pelo humor. As vitaminas do complexo B também ajudam a regular o metabolismo.

Um frango de 1-1,35 kg pode ficar congelado por até oito meses e leva 10-12 horas para descongelar.

FRANGO TAILANDÊS

1 colher (chá) de pimenta--malagueta em pó
2,5 cm de gengibre descascado ralado
suco e raspas de 1 limão
4 peitos de frango desossados em tiras
400 ml de leite de coco
400 ml de caldo de frango

Misture a pimenta, o gengibre e o suco e as raspas de limão. Coloque o frango em uma travessa, regue com a marinada, tampe e deixe na geladeira por 1 hora. Ferva os ingredientes restantes em uma panela. Adicione o frango e deixe cozinhar por 15 minutos.

pato

NUTRIENTES
Vitaminas B1, B2, B3, B6, B12; cobre, ferro, fósforo, selênio, zinco

O pato assado ou frito é um alimento energético e ajuda o atleta a atingir sua meta diária de proteína.

O pato é uma boa fonte de proteína e ferro, necessários para restaurar os tecidos e construir novas células. É rico em vitaminas do complexo B, que combatem o cansaço e regulam o metabolismo. Apesar da reputação de carne gorda, o teor de gordura saturada fica cinco vezes menor se a pele for retirada. O peito de pato sem pele é mais magro que o peito de frango.

PATO FRITO

1 cebola roxa picadinha
1 colher (sopa) de óleo de gergelim
2 colheres (sopa) de shoyu
4 peitos de pato sem pele em tiras
2 cenouras em palitos
400 g de brotos de feijão
suco e raspas de 1 laranja

Frite a cebola numa wok com o óleo e o shoyu. Junte o pato e a cenoura e frite, mexendo, por 5 minutos. Adicione os brotos e o suco e as raspas de laranja e cozinhe mais 1 minuto.

O pato pode ser encontrado em grandes supermercados e açougues.

coelho

Com seu aroma forte e característico, a carne de coelho reanima e dá energia.

O coelho, por natureza, se exercita muito, e sua carne é mais magra e o teor de gordura e calorias é mais baixo que de outras carnes, apesar de ter o mesmo teor proteico. A carne de coelho também contém ferro e muitas vitaminas do complexo B. Todas realizam funções benéficas para o corpo, mas funcionam melhor juntas, afastando o cansaço e a letargia e aumentando os níveis de energia para o exercício.

NUTRIENTES

Vitaminas B1, B2, B3, B6, B12; ferro, fósforo, zinco

COELHO ENSOPADO

1 coelho sem pele desossado em pedaços
1 colher (sopa) de farinha de trigo
1 colher (sopa) de óleo vegetal
2 cebolas picadas
alecrim picado
125 ml de caldo de frango
125 ml de vinho branco seco

Passe os pedaços de coelho na farinha e frite ligeiramente no óleo em uma frigideira refratária. Acrescente os ingredientes restantes e deixe ferver. Tampe e cozinhe por 2-2h30 no forno preaquecido a 180°C, até ficar macio.

leite

NUTRIENTES

Vitaminas A, B2, B12, D, E, K; cálcio, fósforo, iodo, potássio; ácidos graxos essenciais ômega-3

O leite orgânico contém 70 por cento mais ácidos graxos ômega-3 do que o não orgânico.

Conhecido por suas propriedades indutoras do sono, o leite é a base de bebidas perfeitas para a prática esportiva.

O leite contém muitos nutrientes, como o cálcio, que fortalece os ossos, a vitamina E, que estimula a imunidade, e o potássio, que protege o coração. Beber leite com chocolate aumenta mais a resistência do que as bebidas energéticas, porque contém a proporção ideal de carboidratos e proteínas, que ajudam a reabastecer os músculos cansados. Experimente um milk-shake, uma vitamina ou um chocolate quente até 2 horas após o exercício. Para enviar os carboidratos aos músculos, o corpo converte as calorias pós-exercícios em glicogênio.

LEITE NOTURNO *2 porções*

500 ml de leite
uma pitada de açafrão
2 colheres (sopa) de mel
1 colher (chá) de noz-moscada ralada
½ colher (chá) de canela em pó

Em uma panela, aqueça ligeiramente o leite, o açafrão e o mel, mexendo para dissolver bem. Coloque nas canecas, polvilhe as especiarias e sirva.

iogurte bio

O iogurte bio é um protetor de ossos por natureza e pode ser utilizado por esportistas que não toleram lactose.

O iogurte bio tem alto teor de cálcio, além de traços de vitamina D, que ajuda o corpo a absorver o cálcio e outros minerais construtores de ossos, como magnésio e fósforo. O consumo regular de iogurte reduz o risco de desenvolver osteoporose. Mesmo quem não consegue digerir derivados do leite, pois seu corpo não produz a enzima lactase, pode tomá-lo, pois as culturas vivas nele contidas produzem sua própria lactase.

NUTRIENTES
Vitaminas A, B2, B3, B5, B12, C, D, ácido fólico; cálcio, ferro, fósforo, iodo, magnésio, potássio, selênio, zinco

SALADA DE REPOLHO

4 colheres (sopa) de iogurte bio
2 colheres (chá) de mostarda de Dijon
2 colheres (chá) de suco de limão
1 repolho branco pequeno rasgado
4 cenouras raladas
1 cebola roxa fatiada

Bata o iogurte, a mostarda e o suco de limão em uma tigela. Misture o repolho, as cenouras e a cebola. Sirva em seguida.

queijo

NUTRIENTES
Vitaminas A, B2, B12; cálcio, fósforo, iodo, selênio

A ingestão de queijo repõe os níveis de cálcio e proteína do corpo, nutrientes indispensáveis aos praticantes de exercícios.

Os exercícios de levantamento de peso fortalecem os ossos, mas os colocam sob pressão, aumentando a demanda por cálcio. Isso faz do queijo o lanche ideal para esses atletas. Na verdade, 30 minutos de exercícios que induzem a transpiração já aumentam a necessidade de cálcio. O queijo tem má fama devido a seu alto teor de gordura saturada, mas sua ingestão após a refeição aumenta a capacidade corporal de queimar gordura.

MOLHO ENCORPADO DE QUEIJO

50 g de manteiga
2 colheres (sopa) de farinha de trigo
400 ml de leite semidesnatado
85 g de gorgonzola amassado
50 g de parmesão ralado
½ colher (chá) de mostarda
uma pitada de pimenta-de-caiena
½ colher (chá) de noz-moscada ralada
macarrão integral

Derreta a manteiga em fogo baixo, junte a farinha e um pouco de leite e misture para obter uma pasta. Mexendo, adicione o leite restante. Deixe levantar fervura e retire do fogo. Acrescente os queijos, a mostarda, a pimenta e a noz-moscada. Sirva sobre o macarrão.

Evite ingerir alimentos com alto teor de ferro e cálcio ao mesmo tempo – o ferro inibe a absorção do cálcio.

58

OVO

O ovo é uma proteína perfeita e contém todos os aminoácidos essenciais necessários aos atletas.

O ovo é uma excelente fonte do complexo de vitaminas B, zinco, ferro e fosfolipídios – gorduras indispensáveis para as membranas celulares e para um cérebro saudável. É também uma das poucas fontes de vitaminas A, B12 e D, necessárias para os ossos, além de ser rico em vitamina K, que ajuda a curar hematomas e pequenas lesões, garantindo a coagulação sanguínea normal.

NUTRIENTES

Vitaminas A, B2, B3, B5, B6, B12, D, E, ácido fólico; cálcio, cobro, cromo, ferro, fócforo, iodo, magnésio, manganês, potássio, selênio,
sódio, zinco; ácidos graxos essenciais ômega-3

OMELETE DE SALMÃO DEFUMADO

4 ovos
25 g de salmão defumado picado
1 colher (sopa) de azeite
salada verde para acompanhar

Bata os ovos e misture com o salmão. Aqueça o azeite em uma frigideira antiaderente e coloque a mistura. Cozinhe a omelete por 2 minutos, até ficar firme nas bordas. Use uma espátula para virar e cozinhar o outro lado por 30 segundos. Sirva com salada verde.

59

nozes

NUTRIENTES
Vitaminas B1, B2, B3, B5, B6, E; cálcio, cobre, ferro, fósforo, iodo, magnésio, manganês, potássio, selênio, zinco; ácidos graxos essenciais ômega-3

Entre os frutos oleaginosos, as nozes são as únicas que contêm ácidos graxos essenciais ômega-3, e são ideais para atletas que não comem peixe.

Como todas as oleaginosas, as nozes são ricas em gorduras monoinsaturadas anti-inflamatórias e benéficas para o coração, importantes como fonte de energia concentrada para pessoas fisicamente ativas. As nozes também contêm ácido alfalinoleico, um ácido graxo essencial ômega-3, indispensável para manter a lubrificação das articulações. Apenas 25 g de nozes por dia suprem metade da necessidade diária desse importante nutriente.

HAMBÚRGUER VEGETARIANO DE NOZES

175 g de nozes descascadas
4 fatias de pão integral torrado
1 cebola roxa picada
2 ovos batidos
50 g de gorgonzola amassado
um punhado de cebolinha

Triture as nozes no processador. Adicione as torradas, os ingredientes restantes e bata até obter uma mistura firme. Modele cada hambúrguer com 1,5 cm de espessura. Asse em forno preaquecido a 190°C por 25-30 minutos, até ficar crocante. Sirva.

amêndoa

Pequenas porções de amêndoas fornecem aos que se exercitam nutrientes e energia com menor risco de aumento de peso.

A amêndoa é uma mina nutritiva, pois contém mais fibras, cálcio e vitamina E do que outras oleaginosas, além de proteína e gordura monoinsaturada. Acredita-se que auxilia o corpo a queimar gordura com maior eficiência. Pesquisadores descobriram que, entre dois grupos de pessoas seguindo uma dieta de baixa caloria, o grupo que consumiu amêndoas diariamente perdeu 50 por cento mais gordura. Isso torna as oleaginosas úteis para quem está tentando perder gordura e ganhar músculos.

Cerca de 70 por cento da gordura das amêndoas é do tipo monoinsaturado, que desobstrui as artérias.

NUTRIENTES

Vitaminas B1, B2, B3, B5, B6, E, ácido fólico; cálcio, cobre, ferro, fósforo, iodo, magnésio, manganês, potássio, selênio, zinco; ácidos graxos essenciais ômega-3

MACARON DE AMÊNDOAS

20 unidades

2 claras
175 g de amêndoas moídas
85 g de açúcar
1 colher (chá) de essência de amêndoas
uma pitada de sal

Bata as claras em neve firme. Incorpore as amêndoas, o açúcar, a essência e o sal. Abra com um rolo e molde 20 círculos. Coloque em uma assadeira untada e asse em forno preaquecido a 180°C por 20 minutos, até dourar.

avelã

NUTRIENTES
Vitaminas B1, B3, B6, E, ácido fólico; cálcio, ferro, magnésio, manganês, potássio; ácidos graxos essenciais ômega-9

BISCOITO DE AVELÃS

100 g de manteiga
85 g de açúcar
1 ovo batido
2 colheres (chá) de café instantâneo em 2 colheres (sopa) de água fervente
200 g de farinha de trigo
50 g de avelãs moídas
50 g de amêndoas moídas

Bata a manteiga e o açúcar, até obter um creme. Incorpore o ovo, o café, a farinha, as amêndoas e as avelãs formando uma massa. Use o rolo para estendê-la entre duas folhas de papel-manteiga, até ficar com 1 cm de espessura. Deixe na geladeira durante a noite. Corte em quadrados e asse no forno preaquecido a 150°C por 25 minutos, até dourar.

A avelã é um ingrediente muito usado para incrementar o chocolate, além de ser um petisco delicioso e nutritivo.

A avelã crua contém fibras, vitaminas, minerais e proteínas, o que faz dela um lanche cheio de nutrientes. É especialmente rica em ácidos graxos ômega-9, gordura monoinsaturada também conhecida com ácido oleico, que aumenta a imunidade e protege dos danos causados por tosses e gripes, além de ser muito importante para pessoas que treinam ao ar livre, próximas da poluição produzida pelo trânsito.

As avelãs contêm arginina, aminoácido cardioprotetor que relaxa os vasos sanguíneos.

pinhole

Os pinholes ficam perfeitos com macarrão, nas frituras, saladas ou como um petisco energético.

Os pinholes, pequenas sementes comestíveis do pinheiro, têm menor teor de gordura do que a maioria das frutas oleaginosas, o que faz deles uma escolha excelente para os atletas que precisam de dietas com muita proteína construtora muscular e gorduras essenciais, que beneficiam as articulações sem exagerar nas calorias. Além do alto teor da vitamina E, antioxidante que estimula a imunidade, os pinholes também são a única fonte de ácido pinoleico na natureza, substância que estimula os hormônios inibidores do apetite.

NUTRIENTES
Vitaminas B1, B2, B3, E; cobre, ferro, magnésio, manganês, zinco; ácidos graxos essenciais ômega-6

PESTO DE QUEIJO DE CABRA

100 g de pinholes
100 g de queijo de cabra
25 g de parmesão ralado
50 g de folhas de manjericão
50 g de tomates secos
suco de 1 limão
2 dentes de alho amassados
uma pitada de pimenta-de--caiena

Bata todos os ingredientes no processador até obter uma pasta.

*pistache

Esta castanha verde-clara, fácil de abrir, é benéfica para o coração e ajuda a manter a visão saudável.

NUTRIENTES
Vitaminas B1, B3, E; cálcio, cobre, magnésio, manganês, potássio, zinco; ácidos graxos essenciais ômega-6

FATOS

*O pistache pertence à família da castanha de caju.

*As árvores de pistache levam até dez anos para produzir uma quantidade significativa de frutos.

*Uma porção de pistache (45 unidades) fornece a mesma quantidade de potássio que meia banana.

*O pistache contém sete aminoácidos.

A boa forma cardíaca é fundamental em qualquer programa de exercícios, e pesquisas demonstram que a ingestão diária de 25 g de pistache, rico em gordura monoinsaturada, diminui a incidência de doenças cardíacas entre 20 e 60 por cento.

FORTALECE OS OSSOS

O pistache propicia a boa forma física por ser rico em minerais. O cálcio mantém os ossos fortes, o cobre aumenta a energia, protege as articulações e ajuda o corpo a utilizar o ferro. O magnésio combate a fadiga muscular e o zinco acelera a recuperação após lesões musculares.

LASSI DE PISTACHE E MANGA *1 porção*

½ manga picada
3 colheres (sopa) de iogurte bio
50 g de pistaches sem casca
2 colheres (chá) de açúcar

No processador, misture a manga, o iogurte, o pistache e o açúcar com 125 ml de água. Sirva com gelo.

PROTEGE OS OLHOS

O pistache é a única fruta oleaginosa que contém alto teor de luteína e zeaxantina, antioxidantes necessários para os olhos. É especialmente indicado para praticantes de futebol, vôlei e tênis, em que a coordenação entre olhos, mãos e pés é fundamental.

CUSCUZ DE PISTACHE

250 g de cuscuz marroquino (sêmola de trigo pré-cozida)
4 bagas de cardamomo
1 colher (chá) de sal
um punhado de hortelã
100 g de pistaches sem casca
½ colher (chá) de noz-moscada ralada

Ferva 500 ml de água em uma panela. Abaixe o fogo, junte o cuscuz, o cardamomo, o sal e a hortelã e apure por 10 minutos. Retire do fogo, misture o pistache e a noz-moscada e sirva.

No Irã, o pistache é conhecido como "noz sorridente" e, na China, como "noz feliz".

castanha de caju

NUTRIENTES
Vitaminas B2, B3, B5, B6, ácido fólico; cobre, ferro, fósforo, iodo, magnésio, manganês, potássio, selênio, zinco

A castanha de caju é um petisco prático e nutritivo para ser consumido depois de praticar exercícios.

A castanha de caju é rica em muitos dos minerais necessários para pessoas ativas. Trinta castanhas fornecem um quinto da dose diária recomendada de ferro para a mulher, enquanto 20 castanhas fornecem mais que um décimo da demanda diária de zinco para o homem. O fósforo se combina com o cálcio na formação e manutenção de ossos fortes, enquanto o cobre tem propriedades curativas e pode ajudar a livrar o corpo de infecções.

PASTA DE CASTANHA DE CAJU

100 g de castanha de caju
1 colher (sopa) de pasta de amendoim
3 dentes de alho amassados
3 colheres (sopa) de azeite
suco de 1 limão
100 g de tahine
uma pitada de páprica
pão sírio para acompanhar

Misture todos os ingredientes no processador de alimentos, até obter uma pasta homogênea. Sirva com pão sírio.

A castanha nasce dentro de uma amêndoa que é o cabinho do caju.

65

castanha-do-pará

Esta maravilha, rica em minerais, é excelente para reanimar o atleta cujo ritmo de treino está caindo.

A castanha-do-pará é conhecida por seu alto teor de selênio, nutriente com potentes propriedades antioxidantes, que reduz o risco de doenças cardíacas e câncer. O selênio também levanta o astral, ajudando a aliviar a depressão, a ansiedade e a fadiga. Quatro castanhas-do-pará fornecem a quantidade diária recomendada de selênio. Também são ricas em magnésio, importante para formar proteína e aumentar os níveis de energia.

NUTRIENTES
Vitaminas B1, E; cálcio, cobre, ferro, fósforo, magnésio, manganês, selênio, zinco; ácidos graxos essenciais ômega-3 e ômega-6

CASTANHAS COBERTAS COM CHOCOLATE

50 g de chocolate meio amargo
1 colher (sopa) de gengibre cristalizado picadinho
100 g de castanhas-do-pará

Quebre o chocolate em pedaços e derreta-o em uma tigela refratária em banho-maria. Acrescente, mexendo, o gengibre e recubra as castanhas com a mistura. Coloque-as bem separadas em uma assadeira forrada com papel-manteiga. Deixe na geladeira até o chocolate endurecer.

castanha portuguesa

NUTRIENTES
Vitaminas B1, B2, B6, C, ácido fólico; potássio

A castanha portuguesa tem o menor teor de gordura e o maior teor de carboidratos de todas as oleaginosas, além de sabor doce e delicioso.

O baixo teor de gordura e o alto teor de carboidratos dessa castanha oferecem a combinação ideal para quem controla a ingestão de carboidratos e deseja melhorar seus níveis de energia antes do exercício. Ao contrário de outras oleaginosas, o interior da castanha é macio e carnudo, e ela não pode ser ingerida crua por conter altos níveis de ácidos tânicos, que provocam desconforto digestivo – deve ser cozida ou assada antes do consumo.

SOPA DE FEIJÃO-BRANCO E CASTANHAS

400 g de castanhas cozidas descascadas
400 g de feijão-branco cozido e escorrido
3 cebolas pequenas picadas
1 cenoura descascada picada
1 nabo descascado picado
500 ml de caldo de legumes

Ferva todos os ingredientes em uma panela com tampa. Abaixe o fogo e apure por 20 minutos. Bata no liquidificador.

Antes de assar a castanha, parta a casca para deixar escapar o vapor e evitar que estoure.

COCO

De fácil digestão e metabolização, o coco é uma excelente fonte de energia antes do exercício.

O coco possui um alto teor de gorduras saturadas, conhecidas como ácidos graxos de cadeia média (AGCMs), que não representam o mesmo risco à saúde que as outras gorduras saturadas. O corpo usa esses ácidos graxos como energia instantânea em vez de armazená-los como gordura. A água de coco é conhecida como uma das fontes eletrolíticas naturais mais equilibradas, o que a torna uma maravilhosa bebida reidratante após o exercício físico intenso.

NUTRIENTES

Vitaminas B1, B2, B3, B5, B6, C, E, ácido fólico; cálcio, cobre, ferro, fósforo, iodo, magnésio, manganês, potássio, selênio, zinco

ARROZ COM COCO

225 g de arroz integral
1 cebola picada
1 colher (sopa) de coentro em pó
1 colher (sopa) de cominho em pó
2 colheres (sopa) de óleo de coco
2 tomates caqui picados
3 colheres (sopa) de coco ralado

Ferva o arroz em 500 ml de água. Abaixe o fogo e apure por 45 minutos. Em outra panela, frite a cebola e as especiarias no óleo por 3 minutos. Junte o tomate e o coco e apure por 10 minutos. Misture bem com o arroz.

semente de abóbora

NUTRIENTES
Vitaminas B2, B3, B5, E, K, betacaroteno; cálcio, cobre, ferro, magnésio, manganês, fósforo, potássio, zinco; ácidos graxos essenciais ômega-3 e ômega-6

GRANOLA DE SEMENTES DE ABÓBORA

- **2 colheres (sopa) de xarope de bordo**
- **100 g de aveia em flocos**
- **2 colheres (sopa) de óleo de coco**
- **4 colheres (sopa) de sementes de abóbora**
- **1 colher (sopa) de sementes de gergelim**
- **2 colheres (sopa) de amêndoas trituradas**
- **1 colher (sopa) de coco ralado**

Frite o xarope e a aveia no óleo em fogo baixo por 3 minutos. Misture as sementes, as amêndoas e o coco. Espalhe na assadeira e asse a 150°C por 25 minutos. Deixe esfriar.

Com o mais alto teor de ferro do mundo das sementes, as de abóbora são um petisco muito nutritivo.

O ferro das sementes de abóbora é facilmente absorvido, estimula a formação de células vermelhas e ajuda a garantir o bombeamento eficiente do oxigênio pelo corpo. Isso atenua a sensação de cansaço e de diminuição dos níveis de energia durante o exercício. Essas sementes são ricas em óleos ômega-3, anti-inflamatórios que protegem as articulações de danos durante atividades de alto impacto. Também promovem a cura de lesões relacionadas à prática esportiva.

Sementes de abóbora assadas salpicadas em sopas e saladas dão um delicioso sabor de nozes.

linhaça

Graças ao seu teor de ácidos graxos essenciais, a linhaça é considerada uma "supersemente".

A linhaça está no topo da "liga da nutrição" no que se refere ao teor de ômega-3, benéfico ao coração e às articulações. Ela fornece cálcio para o fortalecimento dos ossos e magnésio, que ajuda a evitar cãibras e libera a energia. A linhaça e seus óleos são facilmente oxidáveis e podem ficar rançosos. Por isso, coloque-a em vidros escuros ou recipientes vedados e guarde por até 1 ano na geladeira.

NUTRIENTES
Cálcio, magnésio, zinco; ácidos graxos essenciais ômega-3

MUFFIN DE LINHAÇA

12 porções

100 g de linhaça dourada triturada
175 g de farinha de trigo integral
1 colher (sopa) de fermento em pó
2 colheres (chá) de pimenta--da-jamaica em pó
200 g/1 copo de açúcar mascavo
1 ovo batido
250 ml/1 copo de leite

Misture os ingredientes secos. Acrescente o ovo e o leite, volte a misturar. Disponha a massa em uma fôrma para 12 muffins e asse em forno preaquecido a 180°C por 25 minutos.

gergelim

NUTRIENTES
Vitaminas B1, B2, B3, B5, B6, E, betacaroteno; cálcio, cobre, ferro, fósforo, iodo, magnésio, manganês, potássio, zinco; ácidos graxos essenciais ômega-6

BANANA CARAMELADA

175 g de amendoim torrado
50 g de manteiga
2 colheres (sopa) de xarope de bordo (ou melado)
1 colher (sopa) de tahine
4 bananas inteiras maduras
50 g de sementes de gergelim

Bata o amendoim no processador. Em uma panela, derreta a manteiga e misture o xarope, o tahine e o amendoim. Envolva cada banana com a mistura de amendoim e salpique o gergelim sobre elas. Deixe esfriar e sirva.

O gergelim é uma fonte fantástica de cálcio e um excelente construtor de ossos sem lactose.

Essas sementes pequeninas usadas para fazer tahine, ou pasta de gergelim, podem enriquecer frituras, saladas e massas. São repletas de cálcio e contêm uma quantidade maior desse mineral do que a maioria dos alimentos, incluindo o leite integral. Também são uma fonte rica de vitaminas do complexo B, que, ao lado dos ácidos graxos essenciais ômega-6, ajudam a manter o coração saudável e a liberar energia para melhorar a resistência e vencer a fadiga.

Na antiga Índia, o gergelim era símbolo de imortalidade.

71

semente de girassol

A semente de girassol ajuda a manter o coração saudável, essencial para uma ótima forma física.

As sementes de girassol são uma excelente fonte de vitamina E, o principal antioxidante corporal solúvel em gordura, que neutraliza os radicais livres, melhorando a circulação sanguínea e regulando os batimentos cardíacos. Essas sementes também contêm muito magnésio, essencial para ossos e músculos saudáveis. Outros minerais poderosos encontrados nas sementes de girassol são o selênio e o zinco, que protegem o organismo de doenças.

NUTRIENTES
Vitaminas B1, B2, B5, E, ácido fólico; cálcio, cobre, ferro, fósforo, magnésio, manganês, selênio, zinco; ácidos graxos essenciais ômega-6

TABULE COM SEMENTES DE GIRASSOL

200 g de trigo para quibe
400 ml de caldo quente de legumes
4 colheres (sopa) de sementes de girassol
2 colheres (sopa) de sementes de linhaça
1 cebola roxa picada
½ pepino em cubos
salsinha picada
hortelã picada

Misture o trigo no caldo, tampe e deixe descansar por 30 minutos. Use um garfo para misturar os outros ingredientes.

fubá e farinha de milho

NUTRIENTES
Vitaminas B3, B5, C, ácido fólico; cálcio, magnésio, potássio, zinco

O fubá e a farinha de milho são opções nutritivas, sem glúten, para pessoas com intolerância ao trigo.

Em forma de fubá ou farinha, o milho é útil no preparo de pães e tortilhas e para enriquecer molhos e sobremesas. O milho é um carboidrato complexo, o que significa que mantém o açúcar do sangue estável por mais tempo durante o exercício. A substituição da farinha de trigo comum pela farinha de milho integral, com baixo teor de gordura, ajuda a evitar a anemia, pois aumenta a absorção do ferro em até 50 por cento.

PÃO SUECO

85 g de fubá
150 g de farinha de arroz integral
4 colheres (sopa) de leite
½ colher (chá) de sal

Misture todos os ingredientes até obter uma massa macia. Sobre uma superfície enfarinhada, abra a massa até ficar com 5 mm de espessura e recorte retângulos. Coloque em uma assadeira untada e asse no forno preaquecido a 200°C por 8-10 minutos, até dourar.

Com o fubá se faz bolos e polenta; com a farinha se faz cuscuz.

73

cevada

A cevada é uma fonte de energia perfeita para corredores de longas distâncias, ciclistas e nadadores.

Este grão viscoso tem textura semelhante ao macarrão e é excelente fonte de carboidratos complexos, isto é, equilibra os níveis de açúcar no sangue e libera energia lentamente, dando resistência, força e vitalidade aos atletas. A cevada também é ótima fonte de vitaminas do complexo B, que ajudam a aumentar a energia. Todos os tipos de cevada são ricos em nutrientes, mas a debulhada retém muito mais fibra do que a cevadinha. Deixe a cevada de molho em água fria durante a noite, antes de adicioná-la a sopas quentes ou cozidos.

NUTRIENTES

Vitaminas B1, B2, B3, B5, B6, B9, B12, ácido fólico; cálcio, ferro, fósforo, magnésio, manganês, potássio, selênio, zinco

CEVADA ASSADA

125 g de cevadinha
1 cebola picadinha
1 colher (sopa) de azeite
1 colher (sopa) de purê de tomate
manjericão picado
tomilho
suco de ½ limão

Ferva 400 ml de água em uma caçarola refratária. Acrescente todos os ingredientes, tampe e asse no forno preaquecido a 190°C por 30-40 minutos. Mexa com um garfo e sirva.

milheto

NUTRIENTES
Vitaminas B1, B2, B3, B5, B6, E, K, ácido fólico; cálcio, cobre, ferro, fósforo, magnésio, manganês, potássio, selênio, zinco

O rei dos carboidratos complexos ajuda a manter o corpo forte e apto para o exercício físico.

O milheto é um alimento fácil de digerir, com propriedades essenciais para os ossos e os tendões. Também é rico em proteínas, contendo oito aminoácidos que auxiliam na cura de lesões relacionadas a esportes. Ao contrário da maioria dos cereais, sua composição é alcalina, portanto ajuda a neutralizar estados ácidos que afetam as articulações, como a artrite. Tem alto teor de vitaminas do complexo B, conhecidas por aumentar a energia e combater o estresse. O milheto é rico em minerais como cálcio e magnésio, indispensáveis para a formação de ossos fortes.

MINGAU DE MILHETO

250 ml de leite semidesnatado
100 g de milheto
50 g de uvas-passas
2 colheres (chá) de mel
uma pitada de noz-moscada

Coloque o leite e 125 ml de água em uma panela e acrescente o milheto. Deixe ferver, abaixe o fogo e apure por 15 minutos. Misture as passas e o mel, salpique a noz-moscada e sirva.

75

centeio

O centeio é um grão rico em fibras e de baixo índice glicêmico. No lanche, evita os ataques de fome e ajuda a evitar a retenção de líquidos.

O centeio tem mais fibras e menos glúten que o trigo. É um cereal integral comumente triturado e transformado em farinha para preparar pão, ideal para quem faz exercícios, pois libera a energia lentamente, evitando a sensação de fome e quedas de nível de energia. É rico em lignina vegetal, que ajuda a reduzir a viscosidade sanguínea, e em sucrose e fruto-oligossacarídeos, que têm propriedades prebióticas, prevenindo inflamações.

O pão de centeio é amplamente consumido na Europa Central e Oriental.

NUTRIENTES

Vitaminas B1, B2, B3, B5, B6, B9, B12, E; cálcio, ferro, fósforo, magnésio, manganês, potássio, selênio, zinco

PÃO DE CENTEIO

100 g de farinha de centeio escura
350 g de farinha de trigo
10 g de fermento biológico seco
50 g de açúcar mascavo
2 colheres (chá) de sal
1 ovo batido
1 colher (sopa) de óleo vegetal

Misture as farinhas, o fermento, o açúcar e o sal. Junte o ovo, o óleo e 250 ml de água morna e sove por 10 minutos. Cubra a massa e deixe repousar por 1 hora. Sove de novo, forme uma bola, e deixe repousar numa assadeira untada por 30 minutos. Asse no forno preaquecido a 200°C por 30-35 minutos.

trigo-sarraceno

NUTRIENTES
Vitaminas B1, B2, B3, B5, B6, E, K, ácido fólico; cálcio, cobre, ferro, fósforo, magnésio, manganês, potássio, selênio, zinco

A ingestão deste grão integral pode reduzir o risco de rompimento de vasos sanguíneos e o aparecimento de frieiras.

O trigo-sarraceno é rico em uma substância química natural chamada rutina, que mantém limpo o revestimento interno dos vasos sanguíneos e ajuda a evitar frieiras. O macarrão soba, encontrado nos supermercados, é indicado para as pessoas alérgicas a trigo ou a glúten. Ele geralmente contém apenas trigo-sarraceno e pode ser consumido quente ou frio, como salada.

BLINIS DE TRIGO-SARRACENO
12-14 porções

250 ml de leite
1 ovo
1 colher (chá) de azeite, mais um pouco para fritar
50 g de farinha de trigo-sarraceno
50 g de farinha de trigo integral
uma pitada de sal

Misture o leite, o ovo e o azeite no processador. Junte as farinhas e o sal e bata até ficar homogêneo. Aqueça um pouco de azeite em uma frigideira antiaderente e frite colheres de massa por 2 minutos de cada lado.

77

amaranto

Este minúsculo grão integral nutritivo é uma fonte fantástica de proteína e carboidratos complexos.

Pesquisadores descobriram que atletas que ingeriram cereais integrais com baixo teor glicêmico, como o amaranto, antes de se exercitar mantiveram a atividade por um tempo bem maior do que aqueles que ingeriram alimentos feitos com farinha de trigo comum. Também notaram que os cereais de baixo teor glicêmico ajudam a queimar mais gordura durante o exercício. O amaranto contém mais ferro e cálcio que a maioria dos cereais, aumenta os níveis de energia e fortalece os ossos.

NUTRIENTES

Vitaminas B1, B2, B3, B5, B6, C, E, ácido fólico; cálcio, cobre, ferro, fósforo, magnésio, potássio, zinco

O amaranto foi o produto mais importante para a civilização asteca do México central.

PUDIM DE AMARANTO

125 g de amaranto
250 ml de leite
50 g de amêndoas moídas
50 g de açúcar
1 colher (sopa) de cacau em pó
50 g de chocolate meio amargo

Misture o amaranto, o leite, as amêndoas, o açúcar e o cacau em uma panela grande, tampe e deixe ferver. Abaixe o fogo e apure por 15 minutos. Divida em quatro tigelas, rale o chocolate por cima e sirva.

aveia

NUTRIENTES
Vitaminas B1, B2, B3, B5, B6, E, K, ácido fólico; cálcio, cobre, ferro, fósforo, magnésio, manganês, potássio, selênio, sílica, zinco

Geralmente utilizada no preparo de mingaus, panquecas e barras de cereais, a aveia aparece regularmente nas listas dos dez superalimentos mais importantes.

A aveia libera energia lentamente e pode manter um atleta em atividade durante horas, pois é excelente fonte de carboidratos integrais complexos. Também contém mais proteínas do que a maioria dos outros cereais e é rica em fibras solúveis, o que ajuda a eliminar o colesterol do corpo. A aveia inteira é o grão integral debulhado. A aveia em flocos consiste de grãos inteiros achatados com rolos.

PANQUECAS DE AVEIA *10-12 porções*

2 ovos grandes
50 g de manteiga
1 colher (sopa) de açúcar mascavo
1 colher (chá) de canela em pó
125 g de aveia em flocos
1 colher (sopa) de fermento em pó
1 colher (sopa) de óleo vegetal

Misture os ovos, a manteiga, o açúcar e a canela no processador. Acrescente, mexendo, a aveia e o fermento. Frite colheradas da massa no óleo por 1-2 minutos de cada lado.

trigo

O trigo costuma ter má fama, mas pode ser uma boa fonte de carboidratos em provas de resistência.

A redução do suprimento de carboidratos é uma das principais causas do cansaço durante o exercício prolongado. A farinha branca não fornece muitos nutrientes, mas há outras fontes de trigo que podem suprir os níveis de carboidratos. Uma boa refeição antes do exercício físico é o macarrão integral ou uma vitamina com germe de trigo (a pequena semente dentro do grão de trigo). Pode-se ainda substituir o arroz branco por trigo-sarraceno (grão integral rico em minerais).

NUTRIENTES
Vitaminas B1, B2, B3, E, ácido fólico; cobre, ferro, fósforo, magnésio, manganês, zinco

O trigo é a planta mais cultivada no mundo e cresce em todos os continentes, exceto a Antártica.

ESPAGUETE VERDE CREMOSO

300 g de espaguete integral
50 g de farinha de rosca integral
raspas de 1 limão
1 dente de alho amassado
225 g de agrião
250 ml de creme de leite
½ colher (chá) de noz-moscada ralada

Cozinhe o espaguete em água fervente salgada por 12 minutos. Escorra e cubra. Em uma tigela, misture a farinha de rosca com as raspas de limão e o alho, espalhe numa assadeira e grelhe por 3-4 minutos. Misture o espaguete com a farinha de rosca, o agrião e o creme de leite. Salpique com a noz-moscada e sirva.

quinua

NUTRIENTES
Vitaminas B1, B2, B3, B5, B6, E, ácido fólico; cálcio, cobre, ferro, fósforo, magnésio, manganês, potássio, zinco

A quinua é uma das melhores fontes de proteína do reino vegetal.

A rigor, a quinua é uma semente e não um grão. Com baixo teor de gordura, contém muitos carboidratos de absorção lenta, que equilibram o açúcar no sangue.

FORTALECE

A quinua contém os oito aminoácidos essenciais e é uma fonte excepcionalmente rica de proteína. Pode ser usada como suplemento na dieta de pessoas que praticam exercícios e de

A quinua está repleta de lisina, aminoácido essencial para o crescimento e a reparação dos tecidos.

PIMENTÕES RECHEADOS COM QUINUA

250 g de quinua
1 cebola picada
2 dentes de alho amassados
100 g de cogumelos picadinhos
1 colher (sopa) de azeite
4 pimentões vermelhos

Ferva 500 ml de água. Junte a quinua, abaixe o fogo e apure por 15 minutos. Em outra panela, refogue a cebola, o alho e os cogumelos no azeite. Acrescente a quinua e misture bem. Corte o topo dos pimentões e retire as sementes. Recheie-os com a mistura, recoloque as tampas e disponha em uma tigela refratária. Asse no forno preaquecido a 190°C por 45 minutos.

atletas que precisam de mais proteínas do que pessoas inativas. (A ingestão insuficiente retarda a recuperação do corpo depois do treinamento e desacelera o desenvolvimento muscular e a resistência.)

AUMENTA A ENERGIA

Uma porção de quinua fornece quase todas as vitaminas do complexo B necessárias para aumentar a energia e combater o estresse, além de muita vitamina E, vital para a saúde da pele e o processo de cura. Também é rica em cálcio e magnésio, importantes para a saúde dos ossos; em ferro, que evita o cansaço, e em zinco, que reforça o sistema imunológico.

FATOS

*A quinua já foi chamada de "o ouro dos incas", que reconheciam seu valor no aumento da resistência dos guerreiros.

*Ao cozinhar a quinua, os grãos ficam translúcidos, e o germe branco se desprende parcialmente, parecendo uma cauda branca espiralada.

*Para realçar o sabor, seque a quinua no forno antes de cozinhar em uma panela de fundo grosso, em fogo médio, mexendo sempre por 5 minutos.

*As folhas da planta da quinua são comestíveis e têm sabor semelhante a seus parentes próximos, o espinafre e a acelga.

18

espelta

NUTRIENTES
Vitaminas A, B1, B2, B3, B6, E, ácido fólico; cálcio, cobre, fósforo, magnésio, manganês, potássio, selênio, zinco

Este grão antigo, que contém mais nutrientes do que o trigo, está recuperando sua popularidade.

Usado no preparo de pães e massas, a espelta, ou trigo-vermelho, tem alto teor de manganês. Uma porção de 100 g fornece ⅔ da ingestão diária recomendada desse mineral fundamental para atletas. O manganês é vital em muitas funções corporais, como a formação dos ossos e do tecido conjuntivo, o funcionamento da tireoide, a absorção de cálcio, a regulação de açúcar no sangue e o metabolismo da gordura e dos carboidratos. Também é fonte de zinco e selênio, que melhoram a imunidade. Pode ser substituído por trigo-sarraceno ou trigo-cachá.

BISCOITOS COM PATÊ

1 abacate grande
suco de ½ limão
8 biscoitos de espelta
4 tomates em fatias finas
100 g de mussarela fatiada
sal
pimenta-do-reino moída na hora

Em uma tigela, amasse os abacates com o suco de limão e o tempero. Espalhe sobre os biscoitos e coloque uma camada de fatias de tomate e mussarela por cima. Sirva.

82

triticale

O triticale, uma alternativa nutritiva para o trigo, é excelente fonte de carboidratos, aumentando a resistência durante competições e treinos.

O triticale é híbrido de trigo e centeio, cultivado pela primeira vez na Suécia e na Escócia, no final do século XIX. Atualmente, o triticale quebrado é usado da mesma maneira que o trigo quebrado, e o triticale em flocos substitui bem a aveia em flocos. Possui alto teor de ácido fólico, que protege contra as doenças cardíacas, e de cálcio e magnésio, importantes para a saúde dos ossos.

"Triticale" é um composto das palavras latinas *Triticum* (trigo) e *Secale* (centeio).

NUTRIENTES

Vitamina B1, ácido fólico; cálcio, ferro, magnésio

ASSADO DE COGUMELOS

1 cebola picadinha
500 g de cogumelos cortados ao meio
1 colher (sopa) de azeite
100 g de farinha de triticale
1 colher (sopa) de purê de tomate
orégano

Frite a cebola e os cogumelos no azeite. Em uma tigela, misture a farinha e o purê de tomate com 4 colheres de água, formando uma pasta. Acrescente o orégano e misture todos os ingredientes. Coloque em uma travessa refratária e asse no forno preaquecido a 170°C por 20 minutos.

arroz integral

NUTRIENTES
Vitaminas B1, B3, B5, B6, E, K, ácido fólico; cálcio, cobre, ferro, fósforo, iodo, magnésio, manganês, potássio, selênio, zinco

Com seu sabor característico que lembra nozes, o arroz integral é um grão saboroso, quente ou frio.

O arroz é um dos grãos de mais fácil digestão, por isso o cereal de arroz é recomendado como primeiro alimento sólido do bebê. O arroz integral, que contém o farelo e o germe do grão de arroz, é fonte de proteína, carboidratos e fibras. O arroz basmati integral tem mais amilose do que qualquer outro tipo de arroz, o que o faz ser absorvido pelo corpo mais lentamente, proporcionando um fluxo constante de energia para praticantes de exercícios, em vez de um salto energético seguido de queda repentina.

PILAF INDIANO INTEGRAL

2 cebolas pequenas picadas
1 colher (chá) de cominho em pó
1 colher (chá) de cúrcuma em pó
1 colher (chá) de coentro em pó
4 cravos
6 bagas de cardamomo trituradas
15 g de manteiga
450 g de arroz integral

Frite as cebolas e as especiarias na manteiga por 3 minutos. Misture o arroz por 2 minutos e acrescente 900 ml de água. Deixe ferver, abaixe o fogo, tampe e apure por 25 minutos.

O óleo contido no arroz integral diminui os níveis de colesterol no sangue.

84

arroz selvagem

O arroz selvagem é rico em proteína, repleto de fibras dietéticas e tem baixo teor de gordura

O arroz selvagem não é realmente um arroz, mas um tipo de gramínea que contém duas vezes mais proteína e menos calorias e gordura que o arroz branco. O arroz selvagem é um dos poucos grãos que fornece ômega-3 e ômega-6, comuns nos peixes gordurosos, nozes, castanhas e sementes. É também ideal para ser ingerido antes do treino, por ser uma fonte excelente de vitaminas do complexo B, como tiamina (B1), riboflavina (B2) e niacina (B3), que elevam o nível energético.

NUTRIENTES

Vitaminas B1, B2, B3, E; fósforo, iodo, potássio, selênio, zinco; ácidos graxos essenciais ômega 3 e ômega-6

GUISADO DE SALMÃO E ARROZ SELVAGEM

2 cebolas roxas picadas
1 colher (sopa) de azeite
100 g de arroz selvagem
750 ml de caldo de peixe
100 g de arroz basmati
500 g de filé de salmão em pedaços grandes
dill picado
2 colheres (sopa) de creme de leite fresco

Frite as cebolas no azeite até amolecerem. Misture o arroz selvagem e o caldo. Deixe ferver e cozinhe por 15 minutos. Junte o arroz basmati, tampe, abaixe o fogo e cozinhe por 20 minutos. Acrescente o salmão e cozinhe por 7 minutos. Separe o salmão em lascas e acrescente o dill e o creme de leite fresco.

lentilha

NUTRIENTES

Vitaminas B3, B5, B6, B9, ácido fólico; cálcio, ferro, fósforo, magnésio, manganês, potássio, selênio, zinco

LENTILHA AGRIDOCE

250 g de lentilha
2 colheres (sopa) de óleo vegetal
2 pimentas-malaguetas secas picadas
½ colher (chá) de mostarda em grão
2 colheres (sopa) de shoyu
1 colher (sopa) de açúcar
4 colheres (sopa) de suco de abacaxi
1 colher (sopa) de vinagre de vinho branco

Coloque a lentilha numa panela com água e ferva. Tampe, abaixe o fogo e apure por 40 minutos. Escorra. Aqueça o óleo e as especiarias por 3 minutos. Junte o shoyu, o açúcar, o suco, o vinagre, a lentilha, 125 ml de água e apure por 10 minutos.

A lentilha é um dos melhores alimentos para esportes de resistência, além de proporcionar uma sensação de bem-estar.

Rica em proteína e açúcares naturais de liberação lenta, a lentilha é excelente para estabilizar os níveis de glicose no sangue e manter o vigor. Um estudo demonstrou que a ingestão de lentilha três horas antes do exercício aumenta a resistência mais que outros carboidratos. A lentilha também é riquíssima em ácido fólico, que desempenha papel-chave na produção da serotonina, o neurotransmissor associado ao bem-estar.

As lentilhas são ricas em proteínas e aumentam a resistência.

grão-de-bico

O grão-de-bico ajuda a manter o equilíbrio hormonal das atletas com tensão pré-menstrual (TPM), que prejudica o desempenho.

No Oriente Médio, na Índia e na América Latina, o grão-de-bico é considerado um alimento essencial. É rico em fito-hormônios, conhecidos como isoflavonas, que imitam o estrogênio no corpo, ajudando a prevenir distúrbios hormonais, como a TPM e os calores da menopausa. Graças ao seu teor de vitaminas do complexo B, o grão-de-bico ativa as funções nervosas e musculares, enquanto seu alto nível de carboidratos fornece energia.

NUTRIENTES

Vitaminas B1, B2, B3, B5, B6, E, K, betacaroteno, ácido fólico; cálcio, cobre, ferro, fósforo, iodo, magnésio, manganês, potássio, selênio, zinco

SALADA DE GRÃO-DE-BICO

225 g de grão-de-bico
10 cebolinhas fatiadas
200 g de agrião
200 g de rúcula
folhas de hortelã
3 colheres (sopa) de azeite
2 colheres (sopa) de vinagre balsâmico
115 g de raspas de parmesão

Deixe o grão de bico de molho de véspera. Escorra, ponha numa panela e cubra com água. Deixe ferver, diminua o fogo e apure por 2 horas, até amolecer. Já frio, misture numa tigela grande com a cebolinha, o agrião, a rúcula, a hortelã, o azeite e o vinagre. Polvilhe o queijo e sirva.

feijão-azuqui

Reduza a retenção de líquidos incluindo esta saborosa leguminosa no cardápio.

Rico em vitaminas do complexo B, importantes para a produção de energia e a reparação dos tecidos corporais, o feijão-azuqui contém mais fibras e proteínas e menos gordura que os outros feijões. Possui alto teor de minerais necessários para a boa forma física: ferro, que combate o cansaço; potássio, que age como diurético natural eliminando o excesso de líquido, e zinco, cálcio e magnésio, minerais que aumentam a imunidade.

No Japão, o feijão-azuqui é considerado o "rei dos feijões".

NUTRIENTES

Vitaminas B1, B3, B5, B6, E, betacaroteno, ácido fólico; cálcio, cobre, ferro, fósforo, iodo, magnésio, manganês, potássio, selênio, zinco

COZIDO COM FEIJÃO-AZUQUI

- **100 g de feijão-azuqui**
- **1 cebola grande picada**
- **3 cenouras em cubos**
- **1 nabo em cubos**
- **2 batatas-doces em cubos**
- **2 folhas de louro**
- **1 colher (sopa) de purê de tomate**

Deixe o feijão de molho de véspera em água fria. Escorra, coloque em uma panela e cubra com água. Deixe ferver, abaixe o fogo e apure por 45 minutos. Escorra. Junte todos os ingredientes em um refratário e cubra com água. Asse no forno preaquecido a 190°C por 1h30.

soja verde

A soja verde aumenta o vigor, graças ao seu alto teor de proteína, ferro, carboidratos e fibras.

A soja verde, que parece um cruzamento de vagem com ervilha, é a vagem da soja nova. Aclamada como o mais novo superalimento, a vagem da soja verde é colhida nova e tenra. É muito popular no Japão, na China e na Coreia e tem alto teor de fibras, proteína e carboidratos de absorção lenta, que ajudam a evitar flutuações de humor, mantendo constantes os níveis de açúcar no sangue.

NUTRIENTES

Vitaminas A, C, ácido fólico; cálcio, ferro; ácidos graxos essenciais ômega 3

SOJA VERDE ASSADA

1 colher (chá) de pimenta--malagueta em pó
¼ de colher (chá) de cominho em pó
¼ de colher (chá) de coentro em pó
¼ de colher (chá) de gengibre ralado
¼ de colher (chá) de cúrcuma em pó
uma pitada de páprica
2 colheres (chá) de óleo de girassol
400 g de soja verde cozida

Junte as especiarias com o óleo. Misture bem a soja e coloque em uma assadeira no forno preaquecido a 180°C por 10-15 minutos. Deixe esfriar. Sirva como aperitivo.

amendoim

NUTRIENTES

Vitaminas B3, E, ácido fólico; cálcio, cobre, fósforo, magnésio, manganês, potássio

FATOS

*Pesquisadores descobriram que assar o amendoim pode aumentar o nível de um composto chamado ácido p-cumárico, o que aumenta o teor de antioxidantes em até 22 por cento.

*O potássio no amendoim ajuda a regular os níveis de líquido no corpo e o metabolismo normal dos alimentos, evitando o surgimento de cãibras, especialmente durante treinos.

*Para usufruir dos seus benefícios à saúde, escolha a pasta feita apenas com amendoim, sem adição de sódio, açúcar ou gordura hidrogenada.

*O amendoim é um dos alimentos mais comumente associados a reações alérgicas.

O amendoim é um alimento rico em proteína e gorduras saudáveis – uma excelente fonte de energia para quem faz atividade física.

Por estranho que pareça, o amendoim é um legume da família da beterraba. Rico em proteína (20-30 por cento), que ajuda os músculos a permanecerem fortes, tem baixo índice glicêmico, o que mantém estável o nível de açúcar no sangue.

COLESTEROL MAIS BAIXO

Em defesa da saúde do coração, o amendoim contém vitamina E, o aminoácido arginina e ácido oleico (a gordura monoinsaturada encontrada no azeite), substâncias que reduzem os níveis

QUADRADINHOS DE AMENDOIM

200 g de amendoim moído
1 colher (sopa) de pasta de amendoim
100 g de açúcar cristal
1 colher (chá) de bicarbonato de sódio
1 colher (chá) de farinha de milho

Misture os ingredientes em uma tigela. Pressione em uma assadeira pequena untada. Asse no forno a 160°C por 25 minutos. Deixe esfriar e corte.

de colesterol e protegem contra a formação de placas que causam a obstrução das artérias.

O COMBATE DAS DOENÇAS

O amendoim contém 30 vezes mais resveratrol que a uva – o resveratrol é um dos elementos de um composto chamado fitoalexina, associado à redução de doenças cardiovasculares.

O amendoim cresce debaixo da terra e tem propriedades benéficas ao coração.

MOLHO DE AMENDOIM INDONÉSIO

100 g de amendoim
suco e raspas de 1 limão
250 ml de leite de coco
1 colher (sopa) de pasta de tamarindo
1 colher (sopa) de curry em pó
6 cebolinhas picadas
frango para acompanhar

Mescle os amendoins e as raspas e o suco do limão no processador, até obter uma pasta. Coloque em uma panela. Adicione os ingredientes restantes e cubra com 125 g de água. Cozinhe em fogo baixo por 7 minutos. Sirva sobre o frango.

feijão-branco

NUTRIENTES

Vitaminas B1, B3, B5, ácido fólico; cobre, ferro, fósforo, magnésio, manganês, molibdênio, potássio, zinco

SOPA DE FEIJÃO-BRANCO E BRÓCOLIS

2 cebolas picadas
2 colheres (chá) de noz-moscada
2 colheres (sopa) de azeite
1,5 litro de caldo de legumes
450 g de feijão-branco cozido e escorrido
450 g de brócolis em floretes
1 batata grande picada em cubos de 2,5 cm

Refogue a cebola e a noz-moscada no azeite por 5 minutos. Junte o caldo, o feijão, o brócolis e a batata. Deixe ferver, abaixe o fogo e apure por 15 minutos, até amolecer. Bata no processador e sirva.

O feijão-branco possui grande quantidade de fibras que auxiliam a digestão, além de poderosas propriedades desintoxicantes.

O feijão-branco é repleto de fibras e pode ser uma boa fonte de proteína, vital para o fortalecimento ósseo dos atletas, quando combinado com outras proteínas vegetais, como o arroz ou a quinua. O feijão-branco é muito rico em molibdênio, que ajuda o corpo a eliminar sulfitos tóxicos – um tipo de conservante encontrado em alimentos industrializados e no vinho, relacionado a dores de cabeça e problemas respiratórios, como a asma.

91

feijão-roxo

O feijão-roxo é um alimento essencial em vários países, seja em sopas, saladas, molhos ou wraps.

Uma porção média de feijão-roxo fornece grande quantidade de proteínas e um terço da ingestão diária recomendada de fibras. Isso beneficia as pessoas que fazem exercícios regularmente e querem perder peso, pois as fibras inibem a fome por mais tempo, enquanto as proteínas proporcionam energia. O feijão-roxo também é rico em ácido fólico, que acelera a cicatrização – útil para pessoas propensas a ter bolhas.

Qualquer tipo de feijão é tóxico se for malcozido, portanto cozinhe-o muito bem.

NUTRIENTES

Vitaminas B1, B6, K, ácido fólico; cobre, ferro, fósforo, magnésio, manganês, molibdênio, potássio, zinco

MOLHO MEXICANO DE FEIJÃO

- **250 g de feijão-roxo**
- **½ cebola picadinha**
- **½ colher (chá) de pimenta-malagueta em pó**
- **1 colher (sopa) de azeite**
- **2 colheres (sopa) de coalhada seca**
- **2 colheres (sopa) de coentro picado**

Deixe o feijão de molho de véspera. Escorra, cubra com água e ferva por 10 minutos. Abaixe o fogo, apure por 2 horas e amasse. Frite por 5 minutos a cebola e a pimenta no azeite; deixe esfriar. Bata no processador o feijão, o tempero, a coalhada e o coentro. Sirva.

92

feijão-carioca

NUTRIENTES
Vitaminas B1, B6, ácido fólico; cobre, ferro, fósforo, magnésio, manganês, potássio, selênio, zinco

DOCE DE FEIJÃO

175 g de chocolate meio amargo (70% de cacau)
85 g de manteiga
4 colheres (sopa) de leite semidesnatado
85 g de feijão-carioca cozido e amassado
1 colher (chá) de essência de menta
900 g de açúcar de confeiteiro

Derreta lentamente o chocolate e a manteiga. Acrescente o leite, o feijão-carioca e a essência de menta e, aos poucos, o açúcar, mexendo para obter uma mistura espessa. Espalhe a mistura sobre uma assadeira untada, cubra e leve à geladeira. Quando assentar, corte e sirva.

Sacie a fome com esta excelente fonte de proteína de baixo teor de gordura e calorias.

Combine o feijão-carioca com um cereal, como o arroz integral, e terá uma refeição proteica de alta qualidade e livre de gorduras. O feijão-carioca é especialmente rico no aminoácido lisina, ausente na maioria das outras leguminosas. Uma porção fornece cerca de um quarto do consumo diário recomendado de ferro, essencial para o transporte do oxigênio no corpo, mantendo os níveis de energia durante as atividades físicas.

O feijão-carioca ou carioquinha é bege com manchas escuras.

93

soja

A soja contém mais proteínas que os laticínios e propriedades semelhantes de proteção aos ossos.

A soja, uma leguminosa muito bem cotada na escala nutricional, é uma fonte de proteínas completas, pois contém todos os oito aminoácidos. É rica em fito-hormônios, as isoflavonas, particularmente úteis para as atletas por ajudar a equilibrar os níveis de estrogênio no corpo e proteger contra a osteoporose, aumentando a massa muscular. Contém ainda vitaminas do complexo B, que ajudam o corpo a lidar com o estresse.

NUTRIENTES

Vitaminas B1, B2, B3, B5, B6, E, K, betacaroteno, ácido fólico; cálcio, cobre, ferro, fósforo, iodo, magnésio, manganês, potássio, selênio, zinco

VITAMINA DE BANANA, ABACATE E SOJA

2 porções

1 banana madura
1 abacate pequeno
100 g de tofu macio
400 ml de leite de soja
lascas de amêndoas

No liquidificador, bata a banana, o abacate, o tofu e o leite de soja, até ficar homogêneo. Salpique com lascas de amêndoas e sirva.

94

alho

NUTRIENTES

Vitaminas B1, B6, C, ácido fólico; cálcio, cobre, enxofre, ferro, fósforo, manganês, potássio, selênio, zinco

SALADA DE COGUMELOS E ALHO

4 dentes de alho amassados
12 cogumelos grandes abertos
3 colheres (sopa) de azeite
4 punhados de folhas de rúcula
100 g de queijo branco em cubos

Frite ligeiramente o alho e os cogumelos no azeite. Distribua as folhas de rúcula em quatro pratos. Coloque três cogumelos em cada prato, espalhe o queijo e sirva.

Considerado um alimento milagroso, o alho oferece uma proteção a mais para as articulações sobrecarregadas e mantém o coração saudável.

Os exercícios aumentam a pressão sobre as articulações e podem acarretar uma resposta inflamatória do corpo. O consumo de um dente de alho por dia neutraliza a inflamação. Foi descoberto que o componente do enxofre presente no alho, conhecido como alicina, ajuda na perda de peso e protege contra as doenças cardíacas, ao evitar o depósito de gordura nas artérias. O selênio e o zinco presentes no alho aumentam a imunidade.

95

gengibre

O gengibre enriquece a dieta de qualquer atleta, graças às propriedades estimulantes que aliviam a dor e melhoram a circulação.

O gengibre é indicado para pessoas que se sentem sem energia, por ser estimulante e promover a desintoxicação, aumentando a transpiração e a circulação. Os cientistas reconhecem sua ação curativa em qualquer tipo de náusea. O gengibre fresco contém o gingerol, composto anti-inflamatório que elimina as substâncias que desencadeiam a dor articular e o inchaço. Além disso, é rico em zinco – mineral essencial para a saúde do sistema imunológico.

Para recuperar-se após um exercício, rale gengibre, cubra com água quente e tome como chá.

NUTRIENTES

Vitaminas B3, B6, C, E, ácido fólico; cálcio, cobre, ferro, fósforo, magnésio, manganês, potássio, selênio, zinco

SUCO DE GENGIBRE

2 porções

1 colher (sopa) de açúcar
50 g de gengibre fresco ralado
250 ml de água mineral com gás
suco de ½ limão

Coloque o açúcar, o gengibre e 250 ml de água em uma panela e deixe ferver. Abaixe o fogo, tampe e apure por 10 minutos. Deixe esfriar e coe. Misture com a água mineral com gás e adicione o suco de limão. Sirva com gelo.

canela

Esta especiaria perfumada é uma boa alternativa para atletas que não conseguem resistir aos lanches açucarados, pouco saudáveis.

NUTRIENTES
Vitaminas B2, B3, B5, B6, E, K, betacaroteno; cálcio, cobre, ferro, fósforo, iodo, magnésio, manganês, potássio, selênio, zinco

FATOS
* A canela é uma especiaria obtida da parte interna da casca do tronco da árvore *Cinnamomum zeylanicum*. A casca é retirada da árvore e colocada para secar ao sol. Enquanto seca, enrola como um pergaminho (vendido como pau de canela). Esses rolinhos são moídos e transformados em canela em pó.

* A canela é uma das especiarias mais antigas. É mencionada inúmeras vezes em escritos chineses de 2.700 anos atrás e na Bíblia.

* A canela-de-ceilão tem um sabor mais leve, doce e delicado que a variedade indonésia.

ESTABILIZA O AÇÚCAR NO SANGUE

Pesquisas demonstraram que os componentes da canela estabilizam os níveis de açúcar no sangue, o que evita flutuações de humor e a queda de açúcar no sangue após o exercício – quando até o atleta mais consciente pode sucumbir à tentação de comer chocolates e doces. Apenas 1/2 colher (chá) por dia – salpicada no mingau do café da manhã ou para adoçar um copo de chá de ervas – pode fazer a diferença e, segundo os cientistas, ajudar no controle do diabetes tipo 2.

MINGAU DE MAÇÃ E CANELA

2 paus de canela
5 cravos
2 colheres (chá) de açúcar
2 maçãs descascadas e fatiadas
125 g de aveia instantânea

Em uma panela grande, ferva 750 ml de água. Abaixe o fogo, acrescente a canela, o cravo, o açúcar e a maçã e apure por 10 minutos. Retire as especiarias, misture a aveia e sirva.

PREVINE O APARECIMENTO DE AFTAS

A canela também tem propriedades antibacterianas e fungicidas, que podem inibir organismos como a *Candida albicans*, levedura responsável pela ocorrência de candidíase e aftas.

O odor inconfundível da canela atua no cérebro, aumentando a atenção.

CHÁ DE CANELA

4 colheres (chá) cheias de chá-preto
4 paus de canela
1 limão fatiado

Faça a infusão do chá-preto com a canela e as fatias de limão em 1 litro de água fervente, durante 5 minutos. Coe em 4 xícaras e sirva.

salsinha

NUTRIENTES
Vitaminas A, B1, B3, B5, C, E, K, ácido fólico; cálcio, cobre, ferro, fósforo, iodo, magnésio, manganês, potássio, selênio, zinco

MOLHO DE SALSINHA

25 g de manteiga
1 colher (sopa) de farinha de trigo
400 ml de leite
2 colheres (sopa) de creme de leite
suco e raspas de ½ limão
4 colheres (sopa) de salsinha picada
pimenta-do-reino moída na hora

Derreta lentamente a manteiga e misture a farinha de trigo para obter uma pasta homogênea. Acrescente o leite aos poucos, deixe ferver e abaixe o fogo. Apure por 3 minutos, mexendo sempre. Acrescente o creme de leite, o suco e as raspas de limão e a salsinha e tempere com pimenta-do-reino.

A salsinha é uma das ervas culinárias mais populares e ajuda a equilibrar os níveis de líquidos corporais, o que é especialmente importante depois de um treino pesado.

A salsa é a fonte mais rica de potássio e um diurético natural, estimulando a excreção de sódio e água. Isso ajuda a equilibrar os níveis de líquidos corporais, que podem ser perturbados pelo exercício. Tanto a salsinha crespa quanto a lisa são fontes excelentes da dupla de combate à fadiga: o ferro e a vitamina C. Ambas são utilizadas para minorar as restrições causadas pela artrite.

tofu

O tofu é um dos melhores tipos de proteína para atletas e vai bem com tudo, das vitaminas às frituras.

O tofu é um alimento versátil, com baixo teor de gordura e repleto de nutrientes. É rico em fitoestrógenos, que ajudam a regular os níveis hormonais, e em cálcio, que desenvolve ossos saudáveis. O tofu é uma boa fonte de ácidos graxos ômega-3 e fibras que ajudam a evitar ataques de fome. Contém isoflavona genisteína, que promove a perda de gordura, reduzindo o tamanho e a quantidade de células gordurosas.

NUTRIENTES

Vitaminas A, K; cálcio, cobre, ferro, fósforo, magnésio, manganês, potássio, selênio; ácidos graxos essenciais ômega-3 e ômega-6

O tofu macio (silken) é usado em vitaminas e sobremesas e o tofu firme, nos pratos principais.

MUSSE DE MIRTILO COM TOFU

200 g de tofu macio
250 g de mirtilos
85 g de amêndoas moídas
1 colher (chá) de canela em pó
1 colher (chá) de suco de limão
2 colheres (chá) de amêndoas em flocos torradas

No processador, misture o tofu e os mirtilos. Acrescente as amêndoas moídas, a canela e o suco de limão. Coloque a musse em tigelas e salpique amêndoas em flocos.

missô

NUTRIENTES
Vitaminas B1, B2, B3, B5, B6, K, betacaroteno, ácido fólico; cálcio, cobre, ferro, fósforo, magnésio, manganês, potássio, selênio, sódio, zinco

O missô faz mais do que acrescentar sabor às sopas e cozidos – também aumenta seu valor nutritivo.

O missô é uma pasta fermentada naturalmente, preparada com soja, sal e um fermento chamado koji. É um produto acessível e ideal para o tempero de sopas, molhos e cozidos. Também é fonte de proteína e contém grande quantidade de minerais que melhoram o desempenho nas atividades físicas, como o manganês, que fortalece sistema nervoso, ossos e músculos, e o fósforo, bom para o metabolismo das gorduras, proteína e glicose.

O missô escuro tem mais proteína e ácidos graxos essenciais que os tipos mais claros.

PATÊ DE MISSÔ

1 colher (sopa) de missô
1 colher (sopa) de tahine
1 dente de alho amassado

Misture bem todos os ingredientes em uma tigela. Use nas torradas de pão integral ou nos sanduíches, para substituir a manteiga.

vinagre balsâmico

Devido ao seu efeito alcalinizante, o vinagre balsâmico é útil para os amantes da boa forma predispostos a cãibras musculares.

Este vinagre marrom-escuro encorpado, originário da província de Modena, na Itália, é preparado a partir da redução do suco de uva envelhecido em barris de madeira. É repleto de enzimas e traços minerais, que ajudam a equilibrar os níveis ácido-alcalinos do corpo. É rico em fitoquímicos encontrados na uva, que combatem doenças e se tornam ainda mais potentes durante o processo de fermentação do vinagre.

NUTRIENTES

Vitaminas B1, B2, B6, C, E, betacaroteno; cálcio, enxofre, ferro, fósforo, magnésio, manganês, potássio, selênio, sílica, zinco

MOLHO CÍTRICO PARA SALADA

4 colheres (sopa) de vinagre balsâmico
suco e raspas de 1 laranja
suco e raspas de 1 limão
1 colher (chá) de mostarda
1 colher (sopa) de azeite
2 dentes de alho amassados

Coloque todos os ingredientes em um pote com tampa de rosca e agite bem para misturar. Conserve na geladeira por 1 semana.

orientação para doenças

ANEMIA

Ocorre quando existe uma redução na quantidade de oxigênio transportado pelo sangue. Os sintomas incluem: cansaço contínuo, fraqueza, palidez cutânea, falta de ar e palidez na mucosa da pálpebra inferior. A ingestão de alimentos ricos em ferro e vitamina B12 ajuda no combate à anemia.

alimentos indicados:

ameixa (p. 12); brócolis (p. 37); acelga (p. 39); carne de boi (p. 62); cordeiro (p. 63); amaranto (p. 93); quinua (p. 96); lentilha (p. 102)

BOLHAS

Problema comum na prática esportiva, as bolhas geralmente se formam nos pés e calcanhares e são causadas pela fricção da pele, que acumula fluidos para proteger as camadas mais profundas de um dano maior. Para evitá-las, use roupas e meias apropriadas para treinar. Coma alimentos ricos em vitaminas C e K, que aceleram o processo de cura.

alimentos indicados:

carambola (pp. 16-17); goji (p. 24); acelga (p. 39); couve-chinesa (p. 40); ovo (p. 73); aveia (p. 94)

CÃIBRA

A cãibra é uma contração muscular súbita incontrolável, geralmente na coxa ou na panturrilha. Sua causa exata é desconhecida, mas supõe-se que o esforço do exercício, a fadiga muscular e a transpiração excessiva (que reduz os minerais, como sódio, potássio, magnésio e cálcio) contribuem para esse quadro. A pessoa predisposta a ter cãibras deve comer alimentos ricos nesses minerais.

alimentos indicados:

pera (p. 10); tâmara (p. 19); papaia (p. 21); abóbora (pp. 34-35); camarão (p. 56); frango (pp. 66-67); castanha de caju (p. 80); feijão-azuqui (p. 104)

DEPRESSÃO (LEVE)

A depressão leve, caracterizada por choro, ansiedade e sentimento de impotência, é uma condição vivida por uma em cada quatro pessoas em algum

momento da vida. Acredita-se que a mudança de hábitos como deixar de fumar e de ingerir bebidas alcoólicas e alimentos doces, optando por consumir alimentos ricos em ácidos graxos ômega-3 e vitaminas do complexo B pode ajudar, assim como o exercício físico.

alimentos indicados:
salmão (p. 50); atum (p. 51); cavala (p. 53); nozes (p. 74); quinua (pp. 96-97); espelta (p. 98); arroz integral (p. 100)

DESIDRATAÇÃO

Durante o exercício, o corpo perde líquido pela transpiração. A quantidade depende da intensidade e duração do treino, assim como da temperatura e umidade do ambiente. A perda de 2 por cento do peso corporal na transpiração resulta na queda de 10-20 por cento do desempenho (ou capacidade aeróbica). A desidratação severa pode levar a vômitos e a exaustão por calor. Por isso é recomendável que os atletas bebam líquido suficiente para urinar a cada 2-4 horas. O American College of Sports Medicine recomenda a ingestão de 150-350 ml de água a cada 15-30 minutos durante o treino. Além disso, um atleta deve beber pelo menos 2 litros de líquido ao longo do dia. Pode-se ainda melhorar a hidratação ingerindo alimentos com alto teor de líquidos.

alimentos indicados:
ameixa (p. 12); pêssego (p. 13); limão-siciliano (p. 14); laranja (p. 15); manga (p. 20); lichia (p. 23); leite (p. 70); coco (p. 83)

DOENÇAS CARDÍACAS

Uma das principais causas de doenças cardíacas é a obstrução das artérias pelo colesterol. Um programa de exercícios e a ingestão de gorduras monoinsaturadas (encontradas no azeite, nozes, castanhas, sementes e pescados), em vez de saturadas (que estão em produtos de origem animal e alimentos industrializados), representam uma diferença dramática para a saúde do coração.

alimentos indicados:
abacate (p. 25); azeitona (pp. 26-27); salmão (p. 50); atum (p. 51); cavala (p. 53); pistache (pp. 78-79); semente de girassol (p. 87); amendoim (pp. 106-107)

HIPERTENSÃO

A hipertensão ou pressão alta indica que o coração

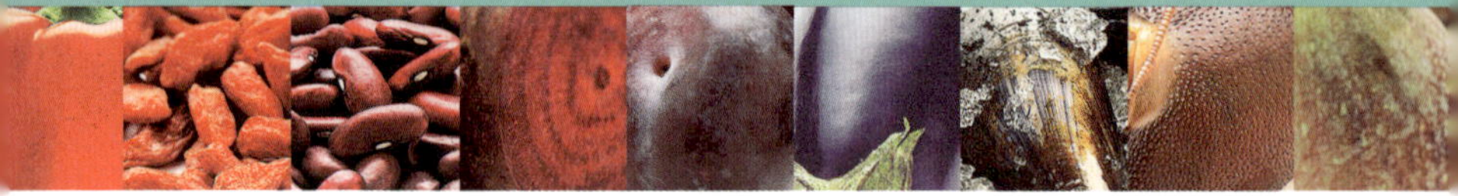

tem de trabalhar mais para bombear o sangue pelo corpo e aumenta o risco de doenças cardíacas e derrame. É possível reduzir a pressão com exercícios, diminuindo o estresse e perdendo o excesso de peso. Além disso, evite pratos gordurosos e salgados e opte por alimentos ricos em magnésio, vitamina C, ácidos graxos essenciais e fibras.

alimentos indicados:
laranja (p. 15); goji (p. 24); brócolis (p. 37); cogumelo (p. 41); truta (p. 49); aveia (p. 94); lentilha (p. 102); soja verde (p. 105)

INSÔNIA

A dificuldade em adormecer ou o hábito de acordar com frequência durante a noite podem levar a problemas como fadiga, irritabilidade e níveis de concentração mais baixos. Estudos demonstram que a atividade física aumenta nossa agilidade mental por mais 4 horas, portanto é aconselhável evitar os treinos noturnos para prevenir a insônia. Alimentos estimulantes, como café e chocolate, também podem perturbar o sono se consumidos menos de 5 horas antes de ir dormir. Estimule o sono com alimentos ricos em vitaminas B, magnésio, cálcio e no aminoácido tritofano.

alimentos indicados:
banana (p. 11); figo (p. 18); tâmara (p. 19); acelga (p. 39); sardinha (p. 52); peru (p. 65); leite (p. 70); ovo (p. 73)

OBESIDADE

Uma pessoa é considerada obesa se seu peso for 20 por cento superior ao peso máximo recomendado para a sua altura. Um programa de exercícios combinado com uma dieta rica em nutrientes é a chave para se livrar do peso excessivo.

alimentos indicados:
alface (p. 28); pimentão (p. 29); iogurte bio (p. 71); amêndoa (p. 75); pinhole (p. 77); feijão-roxo (p. 109); tofu (p. 117)

OSTEOPOROSE

A osteoporose provoca o enfraquecimento dos ossos, deixando a pessoa predisposta a fraturas e luxações. A ingestão de alimentos ricos em cálcio, além de fósforo e magnésio, ajuda a prevenir a doença. Passar bastante tempo ao ar livre também ajuda, pois o sol estimula a produção de vitamina D, que transforma o cálcio dos alimentos em ossos.

alimentos indicados:
figo (p. 18); cebola (p. 31); sardinha (p. 52); leite (p. 70); iogurte bio (p. 71); queijo (p. 72); gergelim (p. 86); tofu (p. 117)

PÉ-DE-ATLETA

O pé-de-atleta é uma infecção por fungos caracterizada por lesões secas entre os dedos, que coçam e algumas vezes se rompem. O fungo é muito contagioso e se desenvolve no chão úmido de vestiários e banheiros coletivos. Ajude seu corpo a combater o pé-de-atleta evitando produtos com açúcar refinado e com itens fermentados, como pão e álcool, e alimentos aditivados com extrato de levedura.

alimentos indicados:
berinjela (p. 46); iogurte bio (p. 71); alho (p. 112); gengibre (p. 113); canela (p. 114-115); vinagre balsâmico (p. 119)

PROBLEMAS NAS ARTICULAÇÕES

Exercícios regulares podem sobrecarregar as articulações. Por exemplo, a dor no joelho é uma lesão comum nos praticantes de corrida. É possível proteger o corpo das lesões e do desgaste mantendo o peso correto para a sua altura e alternando os períodos de atividade pesada com outros de descanso, para evitar o estresse repetitivo nas articulações. Pesquisas também demonstram que ingerir alimentos ricos em ácidos graxos essenciais ajuda a proteger as células cartilaginosas, que facilitam o movimento das articulações.

alimentos indicados:
azeitona (p. 26); salmão (p. 50); cavala (p. 53); nozes (p. 74); linhaça (p. 85); arroz selvagem (p. 101); alho (p. 112); gengibre (p. 113)

SÍNDROME DA FADIGA CRÔNICA

Apesar de suas causas serem desconhecidas, a síndrome da fadiga crônica geralmente ocorre após uma doença viral e é mais comum em atletas que treinam em excesso. Essa condição crônica é caracterizada por uma redução dos níveis energéticos e baixa concentração. A ingestão de frutas, legumes e verduras, que estimulam a imunidade, pode ajudar a aliviar os sintomas.

alimentos indicados:
carambola (pp. 16-17); goiaba (p. 22); goji (p. 24); pimentão (p. 29); beterraba (p. 30); cenoura (p. 33); alho (p. 112)

glossário

Ácido cítrico Ácido vegetal que é um componente importante no sabor da fruta cítrica.

Ácido docosa-hexaenoico Ácido graxo ômega-3 encontrado no peixe.

Ácido fólico Vitamina B9.

Ácido oleico Ácido graxo essencial ômega-9, encontrado em vários alimentos de origem animal ou vegetal, especialmente na azeitona e no azeite.

Ácido pantotênico Vitamina B5.

Ácidos graxos essenciais (AGEs) Gorduras poli-insaturadas que o corpo não consegue fabricar, vitais para a saúde do sangue, da pele, do sistema nervoso e do sistema imunológico.

Açúcar no sangue É a maneira como o "combustível" dos alimentos é transportado no sangue para fornecer energia às células.

Adrenalina Hormônio liberado em resposta ao estresse, que aumenta o suprimento de oxigênio e glicose para o cérebro e os músculos.

Alicina Composto do alho com poderosa atividade bactericida e fungicida.

Aminoácidos Compostos produzidos pelo corpo, ou encontrados nos alimentos, envolvidos em processos como a formação de neurotransmissores.

Aminoácidos essenciais Compostos orgânicos que formam os blocos construtores de proteína, vitais para a saúde; o corpo não os produz, portanto devem ser fornecidos pela dieta.

Anti-inflamatório Substância que previne ou reduz a inflamação.

Antioxidantes Compostos presentes em frutas, legumes e verduras que combatem os radicais livres, prevenindo a degeneração celular.

Arginina Composto orgânico encontrado na proteína animal.

Bactericida Substância que destrói ou inibe o desenvolvimento de bactérias.

Betacaroteno Vitamina encontrada em frutas e legumes verde-escuros, amarelos, laranja e vermelhos que o organismo converte em vitamina A.

Betaína Fitonutriente usado pelo fígado para produzir colina, um composto que promove o desenvolvimento muscular.

Caloria Medida da energia que o corpo retira dos alimentos: o corpo precisa de calorias como "combustível" para executar todas as suas funções.

Capsaicina Composto ativo encontrado nos pimentões e pimentas.

Carboidrato Alimentos doces ou com amido que fornecem energia ao corpo.

Cartilagem Tipo de tecido conectivo denso que amortece os ossos nas articulações para absorver choques e evitar que friccionem um no outro.

Casca Cobertura seca externa de frutas, sementes ou oleaginosas.

Colesterol Substância cerosa existente nas células vermelhas do sangue.

Colina Vitamina do complexo B, parte da lecitina; é essencial no metabolismo da gordura, para a boa saúde cardíaca e na regulação do humor, apetite, comportamento e memória.

Cortisol Hormônio produzido pelas glândulas adrenais; é o "hormônio do estresse".

Crucíferas Tipo de vegetais ricos em nutrientes benéficos, como a couve-flor, a couve-de-bruxelas e verduras de folhas verde-escuras.

Crustáceos Criaturas do mar ou de água-doce que têm uma carapaça dura e não possuem espinha, como lagostas, camarões, caranguejos e siris.

Desintoxicação Processo corporal natural de eliminação de substâncias tóxicas.

Dipeptídios Substâncias construtoras de músculos encontradas na carne, especialmente a de peru.

Diurético Que estimula a produção da urina.

Eletrólito Substâncias que contêm íons livres, como sódio, potássio, cálcio e magnésio; são encontradas nas bebidas esportivas, que ajudam a restabelecer os níveis de líquido no corpo.

Enzima Proteína que facilita as reações químicas corporais.

Fibra Substância vegetal do alimento que o corpo não absorve, mas que ajuda no processo de digestão.

Fitoestrogênio Composto vegetal que tem efeito similar, ainda que mais fraco, ao do hormônio estrogênio.

Fitonutriente Nutriente derivado de um vegetal.

Flavonoides Termo abrangente para os antioxidantes anti-inflamatórios encontrados em muitos alimentos naturais.

Fosfolipídios Gorduras necessárias para a saúde das membranas celulares e do cérebro; são encontradas nos ovos.

Frutose Açúcar simples encontrado no mel e nas frutas.

Fungicida Substância que destrói ou inibe o desenvolvimento de fungos.

Gingerol Dá origem ao sabor picante do gengibre.

Glicogênio Forma como a energia é armazenada nos músculos para ser utilizada mais tarde.

Glicose Forma mais simples do açúcar.

Glucosinolato Compostos encontrados nas verduras da

família do repolho e que têm propriedades anticancerígenas.

Glúten Proteína encontrada principalmente no trigo e, em menores quantidades, na cevada e no centeio.

Gordura Um dos três grupos alimentares que devemos incluir na dieta. As gorduras são utilizadas para muitos propósitos, incluindo a manutenção celular e a absorção de certas vitaminas.

Gordura monoinsaturada Gordura saudável encontrada nos alimentos, que pode ajudar na redução do colesterol.

Grão integral Cereal em grão, que conserva o farelo e o germe da planta, como farinha de trigo integral, arroz integral e aveia.

Hesperetina Flavonoide que diminui o colesterol, com propriedades antioxidantes e anti-inflamatórias, encontrado nas frutas cítricas.

Hidratar Consumir água o suficiente para restaurar ou manter o equilíbrio do líquido corporal.

Homocisteína Aminoácido usado pelo corpo no metabolismo celular e na produção de proteína; níveis altos dessa substância foram relacionados ao aumento do risco de doenças cardíacas e derrame.

Hormônio Substância química liberada pelas glândulas endócrinas, como a tireoide, as glândulas adrenais e os ovários, que é transportada na circulação e afeta o funcionamento das células em outras partes do corpo.

Índice glicêmico (IG) Sistema concebido para classificar os alimentos segundo o efeito nos níveis de açúcar no sangue – alimentos com alto IG provocam aumento mais rápido do açúcar no sangue do que os alimentos com IG médio ou baixo.

Insulina Hormônio que regula os níveis de açúcar no corpo.

Isoflavonas Fito-hormônios que imitam o hormônio estrogênio no corpo.

Lactobacilos Bactérias benignas que vivem no intestino e dão apoio ao sistema imunológico; o iogurte bio é uma boa fonte.

Lactose Açúcar natural encontrado no leite.

Lecitina Fosfolipídio, essencial para o metabolismo das gorduras; encontrado na gema do ovo e em muitas células vegetais e animais.

Leptina Hormônio que tem papel-chave na regulagem da ingestão e no consumo de energia; controla o apetite e o metabolismo.

Ligninas Substâncias químicas encontradas em alguns vegetais, especialmente na linhaça; têm estrutura semelhante ao hormônio estrogênio e atuam de forma semelhante no organismo.

Lisina Aminoácido essencial encontrado nas proteínas; importante para o crescimento, a reparação dos tecidos e a produção de hormônios, enzimas e anticorpos.

Luteína Antioxidante carotenoide essencial para a saúde ocular.

Metabolismo Processo corporal que converte alimento em energia.

Mineral Elemento químico inorgânico, como o cálcio, o ferro, o potássio ou o zinco, necessário para as reações bioquímicas corporais; vital para a boa saúde.

Niacina Vitamina B3.

Nutriente Substância que pode ser metabolizada no corpo para fornecer energia e construir tecidos.

Orgânico Alimento preparado de acordo com padrões rigorosos de produção. O cultivo é feito sem o uso de pesticidas ou fertilizantes artificiais, livre de contaminação humana ou industrial, e o processamento não envolve radiação iônica ou aditivos. Os animais são criados sem antibióticos ou hormônios de crescimento, além de ser alimentados de forma saudável.

Osteoclastos Células que destroem os ossos.

Oxidação Exposição ao oxigênio que provoca a degeneração e decomposição da célula.

Papaína Enzima encontrada na papaia, que ajuda a digerir proteína.

Pectina Fibra solúvel presente nas frutas, legumes e verduras, que reduz o colesterol.

Piridoxina Vitamina B6.

Pré-bióticos Fibras não digeríveis que são fonte de energia para as bactérias benignas do intestino.

Proteína Um dos três grupos de alimentos necessários em nossa dieta; essencial para o crescimento e a restauração dos músculos e tecidos.

Quercetina Flavonoide anti--inflamatório encontrado nas cebolas.

Radicais livres Moléculas altamente reativas, que prejudicam o corpo e que estão na origem de doenças degenerativas, como o câncer, além de acelerarem o processo de envelhecimento.

Resveratrol Antioxidante encontrado nas frutas e no vinho tinto, com propriedades anticancerígenas, antiviróticas e anti-inflamatórias.

Riboflavina Vitamina B2.

Rutina Flavonoide antioxidante encontrado no trigo-sarraceno, que ajuda a fortalecer as artérias e combate as doenças do coração.

Saciedade Sensação de satisfação plena ou de fome saciada depois de uma refeição.

Serotonina Substância química produzida pelas células nervosas no cérebro que melhora o humor; também é encontrada em alguns alimentos.

Sulfato de condroitina Molécula complexa que dá à cartilagem sua característica elástica e esponjosa, necessária para que as articulações atuem na absorção do choque entre os ossos.

Tiamina Vitamina B1.

Tireoide Uma das maiores glândulas no corpo, situada no pescoço. Controla a velocidade com que o corpo queima energia e produz proteínas e a sensibilidade corporal aos hormônios.

Triptofano Aminoácido que o cérebro converte em serotonina, a substância química do bem-estar.

Vitaminas Substâncias orgânicas solúveis na gordura e na água, que são obtidas naturalmente dos alimentos, vegetais ou animais. Essencial, em doses minúsculas, para o crescimento e a atividade normal do corpo.

índice

Agradecimentos da autora
Agradeço a meu marido Anthony e a meus três filhos Harry, Jonah e Luke pelo amor e pelo apoio durante a produção deste livro.

Agradecimentos dos editores
Agradecemos a The Fish Society (www.thefishsociety.co.uk) por ter fornecido o lagostim e as ovas de tainha para as fotografias.

Este livro foi impresso em março de 2010 pela gráfica Corprint sobre papel offset 120g/m²